L'ÉTANG
DE
PRÉCIGNY

PAR

ÉLIE BERTHET.

5

PARIS
PASSARD, LIBRAIRE-ÉDITEUR.
9, RUE DES GRANDS-AUGUSTINS.

1849

L'ÉTANG

DE PRÉCIGNY.

OUVRAGE ENTIÈREMENT INÉDIT.

LE PRINCE
FRANCISQUE

ROMAN HISTORIQUE HONGROIS,

PAR

FABRE D'OLIVET,

7 magnifiques volumes in-8° (*complet*). Prix : 35 fr.

M. Fabre d'Olivet a dépeint avec un rare talent dans ce roman les lâches et infâmes machinations employées par l'odieuse Cour de Vienne ou XVIIIe siècle, pour réduire sous le joug autrichien la malheureuse Hongrie.

Emprisonnement, tentative d'assassinat, confiscation de biens, condamnation à mort, entraves dans ses projets de mariage, tout a été mis en œuvre pour l'anéantissement de la race et la ruine de la maison de cet illustre prince Francisque RAKOTZI, le dernier champion de la liberté hongroise.

La lutte dans laquelle la Hongrie est aujourd'hui engagée t quelle soutient avec un si brillant courage, donne à ce roman un intérêt d'actualité qui contribue à en rendre la lecture plus attrayante encore.

CORBEIL, imprimerie de CRÉTÉ.

L'ÉTANG

DE

PRÉCIGNY

PAR

ÉLIE BERTHET.

3

PARIS
PASSARD, LIBRAIRE-ÉDITEUR,
9, RUE DES GRANDS-AUGUSTINS.
—
1849

XXX

Merville présenta une cuillerée de potion au malade ; celui-ci reprit tout en frissonnant déjà aux premières atteintes de la fièvre :

— Il nous reste bien peu de temps ; mon jeune ami, pour parler de la contestation survenue entre nous au sujet de ces terrains dont on réclame en votre nom la propriété. Chacun de nous serait trop fier pour accepter de l'autre un sacrifice, et cependant, si je succombe, je dois prendre des précautions pour garantir ma fille et mon héritière...

Alfred se leva d'un bond :

— Moi troubler le repos de Thérèse ! s'écria-t-il avec égarement ; moi la fatiguer de misérables intérêts matériels ! Monsieur, ayez l'esprit en repos... Jamais Thérèse ne m'aura pour ennemi, je vous le jure !

Le malade écoutait d'un air de satisfaction ces protestations chaleureuses.

— Allons, dit-il avec effort, tout est bien comme je le pensais. Monsieur de Précigny, les circonstances ne me laissent pas le loisir de prendre de longs détours et des précautions de langage... Je sais ce qui s'est passé entre vous et ma fille Thérèse ; l'eussé-je ignoré, votre trouble vous eût trahi.

— Quoi ! Monsieur... vous savez...

— Que vous aimez ma fille et j'ai quelques raisons de penser qu'elle n'est pas ingrate... Cela n'est-il pas vrai, Monsieur le comte?

— Si je l'aime, mon Dieu ! si je l'aime ! s'écria Alfred en posant une main sur son cœur comme pour en comprimer les battements.

Il y eut un moment de silence pendant lequel on n'entendit que la respiration de plus en plus oppressée du malade.

— Eh bien, reprit M. Laurent en appuyant sur chacune de ses paroles, maintenant que j'ai laissé voir ma pensée, le comte de Précigny ne trouvera-t-il aucun moyen de calmer mes inquiétudes paternelles.

— Que voulez-vous dire? bégaya Précigny, je ne comprends pas... je n'ose croire...

— Je me suis pourtant expliqué assez clairement.

Le comte ne pouvait parler.

— Moi! épouser Thérèse! s'écria-t-il enfin ; cela serait donc possible ?

Le malade fronça le sourcil.

— Me serais-je trompé ! dit-il d'un air offensé; le comte de Précigny rougirait-il d'épouser la fille de l'ancien intendant de son père ? mépriserait-il cette belle et pure enfant ?...

— Mépriser Thérèse, moi s'écria Précigny avec impétuosité; mais pour elle je sacrifierais mon nom, mon titre, mes souvenirs du passé, mes espérances d'avenir, mon existence même? N'étais-je pas prêt à lui sacrifier mon honneur si elle l'eût exigé?... Moi, la mépriser! mais si je possédais toutes les richesses, toute la puissance de la terre, je serais heureux et fier de les offrir à Thérèse... Que Dieu me pardonne cette pensée, mais j'acheterais le bonheur de lui appartenir au prix de mon salut éternel!

Ces paroles, prononcées avec une énergie extraordinaire, frappèrent d'étonnement le manufacturier :

— Qu'est-ce ceci? Vous aimez ma fille, elle vous aime, et cependant...

— Mais vous savez bien qu'elle ne peut-

être à moi, qu'elle ne peut-être à personne !
interrompit le [comte avec un profond désespoir : oh ! mon Dieu ! mon Dieu ! avoir vu de près un si grand bonheur, et ne pouvoir en profiter ! Je suis maudit, je suis maudit !

Il se laissa tomber sur un siége et, se couvrant le visage de ses mains crispées, il sanglota.

Depuis un moment Thérèse et Merville lui adressaient des signes suppliants ; mais dans son inexprimable douleur, il n'en avait pas compris le sens. La jeune fille s'approcha et lui touchant légèrement l'épaule pour attirer son attention, elle dit avec sa douceur angélique :

— Ami, les obstacles qui s'opposent aux volontés de mon père sont-ils, en effet, insurmontables? Un engagement doit-il dépendre de la durée probable et non de la sainteté des affections qu'il consacre?... Alfred, ajouta-t-elle plus bas, ne peut-on s'aimer encore même quand on est séparé par la tombe? ici ou en haut, qu'importe?

Le comte attacha sur elle un regard plein de désespoir et d'amour.

— Vous avez raison, Thérèse, murmura-t-il, nos liens seront éternels, quoiqu'il arrive... Monsieur Laurent, continua-t-il en s'avançant vers le malade, j'accepte avec une profonde reconnaissance votre legs précieux... Oh! pourquoi ne pourrais-je, à force d'affection et de dévoûment, rendre à Thérèse....

Les larmes lui coupèrent encore la parole.

— Ce n'est pas ainsi que je comptais vous

voir accepter la main de ma fille, reprit le malade en s'agitant sur son lit de repos; on me cache quelque chose... Monsieur de Précigny, je vous prie instamment de me faire connaître la cause de vos hésitations.

— A quoi bon mon père? dit Thérèse avec un sourire; pourquoi exposer au grand jour les infinies délicatesses de cette âme d'élite, au risque de les flétrir?... Mon Alfred ne peut agir que par des motifs pleins de générosité et de noblesse, je m'en porte garant!

Alfred saisit la main brûlante du manufacturier :

— Mon père, dit-il avec un accent d'émotion indéfinissable, je suis prêt à renouveler devant vous et devant Dieu le vœu que j'ai fait au fond de mon cœur... La mort même ne saurait me séparer de Thérèse.

Le malade luttait péniblement contre sa redoutable fièvre; son teint était rouge, ses yeux pétillaient d'un feu étrange.

— Un moment, mes enfants, dit-il d'une voix haletante; j'ai encore une promesse à exiger du comte de Précigny, avant de lui engager à jamais l'avenir de mon enfant chéri. Mais je sens déjà mes facultés qui faiblissent, ma raison qui chancelle... Grâce! mon Dieu, encore un instant... comte de Précigny, ajouta-t-il en s'adressant au jeune homme, retenez bien mes paroles : En vous donnant la main de ma fille je vous laisserai une fortune immense, supérieure peut-être à celle qu'ont jamais possédée vos ancêres, les seigneurs du pays... Cette fortune étant le fruit du travail et de l'industrie, je souffrirais de penser qu'elle ne serait pas employée à un usage utile, élevé, philanthropique. D'ailleurs, vous ne pouvez rester oisif, à charge à la société, vous êtes jeune et plein d'intelligence et de grandeur d'âme ; vos vues sont larges et généreuses : vous devrez acquitter votre dette envers votre patrie, et je vous crois appelé à un brillant avenir... Parlez, mon fils, me promettez-vous d'employer votre opulence à une œuvre grande et utile comme autrefois la mienne ?

— Quoi donc! s'écria le comte avec une explosion de douleur, voulez-vous m'obliger à vivre si...

— Promettez, Alfred, dit mademoiselle Laurent avec une douce autorité.

— Thérèse ! Thérèse ! me condamnerezvous à voir d'autres que vous, à vivre pour d'autres que vous sur la terre ?

— Je le veux... je vous en prie, et mon père attend votre réponse pour nous bénir ?

— Je vous ferai donc aussi ce sacrifice, murmura le jeune homme avec une morne résignation ; j'accepterai une vie de douleur et d'amertume, puisque vous l'ordonnez !

Une joie pure se peignit sur les traits de Thérèse. Laurent agita ses bras dans le vide ; sa vue s'altérait, ses facultés ne fonctionnaient plus que par un effort de sa volonté :

— Tous mes vœux seront donc comblés ! dit-il d'une voix délirante ; ma fille épousera le fils de mes anciens bienfaiteurs, elle montera à ce haut rang auquel il me semblait impossible de faire parvenir ma race... comte de Précigny, ce mariage a été mon rêve chéri, du jour où je vous ai vu pour la première fois... Je songeais à relever votre famille et à illustrer la mienne par cette alliance... Jugez combien je devais souffrir de votre inimitié !... Ma fille est mon bien le plus précieux, je vous la donne, rendez-la heureuse... Et puis, s'il peut se faire que ce magnifique établissement, à qui j'avais consacré ma vie, ne périsse pas avec moi, sauvez-le de l'anéantissement, fût-ce par respect pour ma mémoire... car je vais mourir, tout chancelle autour de moi... je sens ma raison s'en aller... Oh ! mon Dieu, je voudrais pourtant vivre, vivre pour voir le bonheur de mes enfants !

Merville s'était rapproché du malade ; il examinait avec un soin extrême tous les symptômes extérieurs de la fièvre.

— Bon courage ! monsieur Laurent, dit-il d'un ton affectueux ; vous supportez la crise bien mieux que je ne l'avais pensé... La maladie paraît avoir beaucoup diminué de violence... Si cet accès n'est pas suivi d'un redoublement, je crois pouvoir répondre de vous !

— Serait-il possible ? s'écria Laurent dans une agitation croissante ; la mort relâcherait sa proie ! je pourrais encore être heureux entre mon gendre et ma fille... C'est alors que je devrais bénir la Providence ; je serais arrivé au comble de la prospérité humaine !

Thérèse était tombée à genoux :

— Sauvez-le, mon Dieu ! dit-elle avec un accent de l'âme, sauvez mon père... et contentez-vous, ajouta-t-elle tout bas, d'une plus humble victime !

Le docteur, les yeux fixés sur le malade, le doigt sur son pouls, suivait toujours avec anxiété les diverses phases du mal.

— J'espère ! dit-il d'une voix grave ; depuis un moment les pulsations n'augmentent plus... Il n'y aura pas de redoublement.

Laurent essaya de secouer la torpeur qui s'emparait de ses membres.

— Docteur, reprit-il languissammemt, je vous remercie de vos soins, de vos douces espérances, mais je dois me tenir prêt à tout événement... Votre main, Alfred... ta main, chère Thérèse...

Les deux jeunes gens s'avancèrent ; le manufacturier prit en tâtonnant la main de chacun d'eux et il les unit avec effort.

— Mes enfants, reprit-il, vous voilà fiancés sur la terre et dans le ciel... Mon désir est que cette union soit consacrée par la religion et par la loi dans un court délai. Rien ne doit plus vous séparer.., Thérèse, voilà ton mari... Précigny, voilà votre femme... Si je ne puis être témoin de votre bonheur, pensez à moi bien souvent, vous qui vivrez de longs jours, qui jouirez de toutes les prospérités terrestres.

Alfred et Thérèse s'étaient agenouillés devant le vieillard. Le comte sanglotait en écoutant ces paroles qui prouvaient les illusions du mourant. Merville lui-même, profondément ému, essuyait furtivement ses larmes.

Pendant que les jeunes gens étaient encore prosternés, la porte de la pièce voisine s'ouvrit avec violence, et Smithson se précipita dans la chambre. Ses vêtements étaient en désordre, ses cheveux épars, son teint livide et verdâtre, ses yeux injectés de sang, témoignaient d'une rage parvenue à son paroxysme.

— Et moi! monsieur Laurent, s'écria-t-il d'une voix tonnante, et moi! miss Thérèse, et moi! comte de Précigny! Par tous les diables d'enfer! que voulez-vous faire de moi?

Alfred et Thérèse tressaillirent; puis ils se levèrent en jetant des regards d'indignation sur cet homme brutal qui venait troubler des éclats de sa colère une scène si douloureuse et si solennelle. Merville, connaissant les projets de Smithson et prévoyant une explication, peut-être des révélations pénibles, s'élança au devant de lui pour l'empêcher d'approcher :

— Pas de bruit, monsieur le contre-maître, dit-il avec un accent d'autorité; M. Laurent n'est en état ni de vous comprendre, ni de vous répondre.

— Il a bien su comprendre ce traître de Précigny... il a bien su parler à sa fille parjure! s'écria Smithson hors de lui, il m'entendra de même!

— Monsieur, dit Alfred, sortez... ceci est infâme.

— Smithson, soyez raisonnable, reprit Merville en cherchant à le calmer; M. Laurent paraît éprouver une crise favorable... les émotions douces lui ont fait du bien... maintenant des reproches lui seraient funestes; attendez une autre heure; en ce moment vous pourriez le tuer!

— Et l'on se sera impunément joué de

moi! dit l'Anglais en élevant la voix, on m'aura flétri, déshonoré, on aura menti à ses engagements, on aura trahi ses serments, on m'aura abreuvé de dégoûts et de honte, et je n'aurai pas le droit de me plaindre!... Fût-ce à sa dernière heure, le chef de cette maison me doit compte de tant d'injustices!

— Misérable, dit le comte d'un ton menaçant, je vous savais lâche... voulez-vous donc devenir assassin ?

— Patience! patience! lord Précigny, nous avons aussi une ancienne querelle à régler ensemble... vous aurez votre tour.

— Il faut l'entraîner de force dit Merville à Alfred ; je crains que M. Laurent...

Précigny, malgré sa colère, hésitait à

employer la violence dans la chambre d'un mourant.

— Sortez, monsieur, dit Thérèse avec un accent imposant, moi seule je vous ai fait une promesse, mais le délai convenu n'est pas encore expiré et vous ne pouvez en réclamer l'exécution... En vous fixant ce délai, ajouta-t-elle avec un sourire amer, je vous avais bien jugé... vous qui venez outrager votre bienfaiteur à son lit de mort!

— Mademoiselle...

Avant que l'Anglais eût pu exprimer sa pensée, Alfred et Merville, s'élançant sur lui, voulurent l'entraîner hors de la chambre. Smithson se débattit avec une vigueur extraordinaire :

— Monsieur Laurent, s'écria-t-il, on m'empêche d'arriver jusqu'à vous... monsieur Laurent, c'est moi, votre conseiller, votre ancien ami, que l'on chasse indignement de chez vous!

XXXI

Aux accents de cette voix connue, le malade tressaillit; il parut faire un effort suprême pour prendre une idée exacte de la situation.

— Qui est là? demanda-t-il péniblement; que me veut-on?

— C'est moi... Smithson, répéta l'Anglais avec force ; monsieur Laurent, pour prix de huit ans de travaux et de services, je viens demander la faveur de vous entretenir un moment?

— Smithson ! répliqua M. Laurent avec une subite lucidité d'esprit, laissez-le venir à moi... je ne l'ai pas oublié... je ne veux pas qu'il puisse m'accuser d'ingratitude !

Alfred hésitait à lâcher l'odieux contre-maître.

— Cédez à son désir, dit Merville à voix basse ; toute contrariété pourrait enflammer son sang et aggraver son mal...

Le comte obéit à regret ; Smithson devenu libre courut au manufacturier.

Celui-ci, par un de ces effets merveilleux qu'une grande énergie morale peut seule produire, avait recouvré l'usage de ses facultés. Relevant un peu la tête, il fixa sur son contre-maître un regard auquel la fièvre donnait un caractère particulier de sévérité :

— Si j'avais conservé mes illusions d'autrefois à votre égard, reprit-il, votre conduite actuelle, monsieur Smithson serait de nature à les dissiper complétement..... J'ai cru longtemps avoir en vous un ami, je n'ai eu qu'un commis ambitieux, aspirant à me remplacer... Mais parlez, qu'avez-vous à me dire? hâtez-vous... car ces efforts pour vous écouter et vous répondre me fatiguent cruellement!

Smithson prit une contenance hypocrite:

— Monsieur Laurent, mon cher et excellent maître, mon bienfaiteur, dit-il d'un ton suppliant, je suis bien chagrin de m'être attiré involontairement votre colère... Vous ne pouvez cependant avoir oublié avec quel zèle, avec quelle ardeur j'ai défendu vos intérêts pendant plusieurs années? vous ne pouvez avoir oublié ce que j'ai souffert pour vous...

— Et vous craignez que je ne meure sans avoir récompensé vos mérites? dit le malade avec amertume; en effet, vous avez été un excellent contre-maître-général; les ouvriers, sous votre direction, ont toujours bien employé les heures de leur journée; vos comptes ont toujours été en règle, et vous n'avez jamais tardé à expédier les commandes à nos correspondants... Je sais tout cela; aussi je me suis occupé de vous, et, si vous n'avez pas la patience d'attendre quelques heures encore, je suis prêt à vous remettre la récompense que je vous destinais !

Il fit un signe à sa fille. Elle se leva et s'avança vers un secrétaire placé dans l'angle de la chambre.

— Ma récompense ! s'écria Smithson oubliant ses velléités de modération, je n'en veux qu'une... celle qui m'est promise, celle qui m'est due... la main de miss Thérèse et...

— Et la fabrique de Précigny pour y exercer sans contrôle votre despotisme ! Vous avez visé trop haut, monsieur Smithson ; j'ai jugé à propos de vous offrir un salaire plus en conformité avec vos services...

En même temps le malade reçut des mains de Thérèse un portefeuille qu'il remit au contre-maître.

— Vous trouverez là des traites pour une somme considérable... Les signatures vous sont connues et vous n'éprouverez aucune difficulté quant au paiement. Avec une pareille somme il vous sera facile de monter un établissement pour votre compte, et comme vous êtes habile en affaires, vous réussirez sûrement... Mais votre présence devant désormais être inutile ici, quels que soient les événements qui s'y préparent, je reçois vos adieux en mon nom et au nom de ma fille... maintenant, de grâce laissez-moi souffrir et mourir en paix entre mes deux enfants !

Il retomba épuisé, ses yeux se fermèrent à demi.

Smithson retournait le portefeuille entre ses mains crispées. Tous ses membres étaient agités par un tremblement nerveux ; une écume légère souillait les coins de sa bouche. Sa rage était telle qu'il ne pouvait articuler un mot.

— Monsieur, dit Alfred rudement, il ne vous reste plus rien à faire ici... obéissez aux volontés de M. Laurent.

— Laissez-moi ! s'écria Smithson avec une énergie terrible : je ne sais pas encore tout ce que je voulais savoir, je n'ai pas dit tout ce que je voulais dire... M. Laurent est dans le délire de la fièvre, il ne jouit plus de la plénitude de sa raison : et l'on a profité de cette faiblesse d'esprit pour...

— Smithson, interrompit le manufacturier en rouvrant les yeux, je peux encore comprendre que vous êtes aussi cruel que lâche.

— Lâche! s'écria l'Anglais en frappant du pied, encore cette injure! Lui!... lui aussi!.... Eh bien oui, j'ai été lâche, reprit-il avec une sombre fureur, et je réclame le prix de ma lâcheté! Cette injure que j'ai souffert sans en tirer vengeance, cette injure qui a attiré sur moi l'exécration de mes propres amis, je l'ai acceptée à une condition.... cette condition miss Thérèse, c'est à vous de la remplir, je vous somme de tenir votre parole; vous m'avez solennellement engagé votre main le jour de l'émeute de la manufacture!

— Encore une fois, le délai n'est pas expiré, monsieur, dit Thérèse avec effroi, d'ailleurs...

— Et moi, j'ai relevé ma fille d'une promesse irréfléchie et qu'elle ne pouvait tenir sans mon avis, dit le manufacturier d'un ton d'autorité ; je n'ai rien promis, moi ! à partir de ce jour où je vous ai vu subir la honte pour obtenir l'objet de votre ambition, je me suis encore servi de vous, Smithson, mais je vous ai retiré mon estime... A partir de ce jour, j'ai réservé mes droits sur Thérèse, je n'ai pas prononcé un mot pour encourager vos espérances.... J'avais d'autres idées, d'autres projets... Aujourd'hui donc, je n'ai qu'user de mon droit en suivant les inspirations de mon cœur, et j'ai accordé la main de ma fille au comte de Précigny...... Ils sont fiancés !

Ce dernier mot acheva d'exaspérer le contre-maître.

— Fiancés ! répéta-t-il avec une ironie farouche ; il n'y a pas de fiançailles possibles pour miss Thérèse ! Si elle ne m'appartient pas, du moins elle n'appartiendra pas à un autre... On vous a caché la vérité... votre fille est mourante ; demandez à Merville, elle est irrévocablement condamnée !

Cette épouvantable révélation produisit sur le manufacturier l'effet de la pile galvanique sur un mort. Il se leva convulsivement sur son séant, en s'écriant :

— Que dit-il, mon Dieu ! qu'a-t-il dit ?

Merville et Alfred se jetèrent sur Smithson pour l'entraîner au dehors ; mais le contre-maître se cramponna à un meuble afin de mieux résister à leurs efforts.

— Taisez-vous ! taisez-vous ! murmurait le docteur ; il y va de la vie de M. Laurent !

Smithson, excité encore par la violence

qu'on voulait lui faire, poursuivait son impitoyable vengeance :

— Je dis, s'écria-t-il en élevant la voix, je dis, monsieur Laurent, que votre fille souffre d'une pulmonie parvenue à sa dernière période... On cherche à vous tromper, mais un père plus clairvoyant eût vu le mal et le danger... Et savez-vous la cause première de cette maladie mortelle de Thérèse? c'est la fièvre ; j'en ai arraché l'aveu dernièrement au docteur Merville... Oui, c'est cette fièvre épidémique dont vous êtes atteint vous-même... Après avoir longtemps frappé d'obscures victimes, elle a voulu se signaler par un fait éclatant, elle a frappé à la fois le père et la fille.

Merville et le comte tentaient vainement de fermer la bouche au forcené. Il se débattait entre leurs mains avec une vigueur irrésistible. Rien ne semblait devoir contenir cet instinct de bête féroce acharnée sur sa proie, quand Thérèse, tombant à genoux, s'écria avec un accent déchirant :

— Malheureux ! vous ne croyez donc pas à Dieu ?

Smithson resta muet, dominé par cette espèce de prestige surnaturel qui s'attachait aux actes et aux paroles de la jeune fille. Les deux hommes allaient profiter peut-être de sa stupeur pour le pousser hors de la chambre; un coup d'œil jeté sur Laurent leur prouva l'inutilité de cette mesure; le mal était fait et il était désormais sans remède.

Le malade, assis sur son lit, avait le corps raide, les yeux fixes et hagards ;

il agitait les bras dans le vide en murmurant d'une voix caverneuse :

— Ma fille est mourante... j'ai tué ma fille !

Thérèse s'élança vers lui, lui prit les mains qu'elle couvrit de baisers et de larmes :

— Mon père, dit-elle avec véhémence ne croyez pas cet homme, il ment... je me porte bien, je ne souffre pas... je vivrai long temps, je serai heureuse... Vous avez assuré mon bonheur en me donnant pour mari celui que j'aime ; ce bonheur, vous le partagerez avec nous, car vous vivrez aussi, et tous les trois...

La pauvre enfant avait trop présumé de ses forces. Un accès de toux, causé par ces violentes émotions, vint l'interrompre ; une goutte de sang vermeil rougit ses lèvres pâles; Laurent ne pouvait se méprendre à ces signes irrécusables.

— Aveugle que j'étais! reprit-il d'une voix étouffée ; ma fille se mourait sous mes yeux et je ne m'en apercevais pas... J'étais plein de sécurité, et on me prenait en pitié! Tout à l'heure encore le désespoir de ce jeune homme eût dû m'éclairer!... Mais c'est donc vraiment un châtiment de Dieu! s'écria-t-il avec explosion en se tordant sur sa couche; je dois donc réunir en moi seul les souffrances qu'une population entière ne pouvait supporter... Oh! Providence, Providence, tu es implacable! J'eusse tout souffert avec courage; avec résignation ; mais ce coup est trop horrible... j'ai tué ma fille!

— Mon père...

— J'ai tué ma fille ! répéta le malade en délire ; je suis voué à la haine des hommes, je suis maudit du ciel... Mères qui pleuriez vos enfants, vieillards qui me redemandiez vos petits-fils, fiancés qui voyiez expirer vos fiancées, vous êtes tous vengés à la fois... j'ai tué ma fille !

En prononçant ces mots il retomba en arrière, ferma les yeux et un râlement sourd s'échappa de sa poitrine. Merville courut à lui d'un air épouvanté. Thérèse voulut s'approcher à son tour, mais le docteur la repoussa et fit signe à Alfred de l'éloigner.

— Docteur, dit la jeune fille avec trouble, je veux lui expliquer, lui faire comprendre...

Elle n'acheva pas ; le malade éprouva une

légère convulsion, ouvrit la bouche, puis demeura immobile. Thérèse, poussa un cri et tomba à genoux.

— Tout est fini ! murmura le docteur.

M. Laurent venait d'expirer.

Un silence solennel régna un moment dans la chambre, Alfred s'était agenouillé près de Thérèse, tous les deux priaient avec ferveur.

Pendant qu'ils s'acquittaient de ce pieux devoir, le docteur s'approcha de Smithson qui contemplait son ouvrage d'un air de sombre insensibilité :

— Retirez-vous, dit-il à voix basse, ou il va arriver ici un nouveau malheur.... le comte de Précigny voudra venger le père de Thérèse et vous connaissez la violence de son caractère....

— Ma vengeance doit passer avant la sienne, reprit l'Anglais avec un sourire amer ; maintenant je n'ai plus rien à ménager.... Je ne crains pas le comte de Précigny et, au lieu de fuir, je vais l'attendre...

Il sortit d'un pas précipité en jetant sur les deux jeunes gens un regard de menace.

Alors Merville s'avança vers eux et dit timidement au comte :

— Il faudrait emmener mademoiselle Laurent hors de cette chambre ; ce triste spectacle, après tant de douloureuses émotions, ne peut qu'aggraver son mal....

— Oui, oui, vous avez raison, murmura Alfred, venez, Thérèse je vous en prie.

La jeune fille, sans rien répondre, se souleva lentement, déposa un baiser sur la main glacée de son père et se laissa conduire dans la première pièce. Resté seul en présence du cadavre, Merville se disait à lui-même avec ce profond égoïsme, qui était la base de son caractère :

— J'ai fait ce que j'ai pu afin de le sauver... mais, après tout, il est peut-être plus avantageux pour moi que les choses se soient passées ainsi ; car si Laurent eût jamais recouvré la santé, il ne m'eût pas pardonné ma coupable faiblesse envers sa fille... C'est là une bien bonne maison que je vais perdre.

Les catastrophes qui accablaient la famille Laurent, n'inspiraient pas d'autres sentiments à Merville.

Cependant Alfred et Thérèse, retirés dans le salon voisin, étaient assis près l'un de l'autre, les mains entrelacées. Le comte, après avoir employé un moment à se remettre de son trouble, voulut adresser quelques mots de consolation à la jeune fille. Elle releva la tête et montra son visage empreint de sa sérénité ordinaire; une seule larme brillait encore au coin de son œil cave.

— Alfred, dit-elle avec douceur, je vous remercie... mais j'ai du courage et je sais me résigner à la volonté de Dieu; pouvez-vous en dire autant de vous-même?.

Puis s'apercevant que ce calme, dans une circonstance aussi grave, excitait l'étonnement du comte:

— Ami, reprit-elle d'un ton affectueux, si mon père vivait encore et s'il m'avait quitté pour un voyage de quelques jours seulement, ne serait-ce pas faiblesse à moi de m'abandonner à la douleur? Eh bien, je n'ai que quelques jours... quelques heures peut-être à attendre pour revoir mon père. Alors je le rejoindrai et nous ne nous quitterons plus!

— Toujours cette pensée, s'écria Alfred avec désespoir.

— Je veux vous la rendre familière comme à moi-même, afin que vous soyez prêt quand le moment sera venu... et il est proche!

— Non, non, Thérèse, ma chère Thérèse, dit le jeune homme en éclatant en sanglots, n'espérez pas que je puisse jamais supporter avec résignation l'épouvantable malheur dont vous me parlez sans cesse... Je le sens, je n'aurai pas la force de vous survivre!

— On est bien fort contre la douleur quand

on a un but à sa vie, quand on a de grands devoirs à remplir envers les autres, envers soi-même !

Le comte ne répondit rien et continua de sangloter.

— Alfred reprit la jeune fille d'un ton suppliant, après une pause, j'ai une grâce à vous demander, j'espère que vous ne me la refuserez pas... Il me reste bien des choses à faire pendant le peu de temps que je passerai encore sur la terre ; votre vue ne pourrait qu'affaiblir mon courage ; car moi aussi je vous aime, et l'espoir de rejoindre bientôt mon père ne me consolera pas de votre perte ! Alfred, dans notre intérêt à tous deux, nous devons nous dire adieu aujourd'hui même...

— Que me proposez-vous, Thérèse? Vous

quitter quand chaque minute rapproche le terme fatal... oubliez-vous déjà l'engagement que vous venez de prendre? Vous êtes ma femme, Thérèse; nous sommes unis par des liens sacrés, en attendant que nous le soyons par ceux de la loi et de la religion.... Vous êtes ma femme, et rien ne doit nous séparer désormais !

— Alfred, répliqua la jeune fille en secouant la tête, avez-vous donc pris au sérieux ces projets mis en avant pour adoucir les derniers instants de mon pauvre père? Je voulais lui cacher mon malheureux état de santé; au moment d'une crise, la découverte de la vérité pouvait être dangereuse pour lui; l'événement a prouvé que je ne me trompais pas... ce matin, quand je lui ai avoué notre affection mutuelle, il m'a laissé voir un désir ardent de réaliser ce mariage. J'eusse excité ses soupçons en combattant sa volonté ; j'ai donc consenti à vous envoyer chercher, à entretenir pour ma part sa douce illusion, me réservant, s'il revenait à la vie, de vous rendre votre parole... je sais trop, dans l'état actuel de nos mœurs, quelle distance sépare le comte de Précigny, de la fille de son ancien intendant !

— Ne dites pas cela, Thérèse, ne parlez pas de vains préjugés de caste, de niaises distinctions sociales... Votre père a emporté mon serment fait librement et dans toute la franchise de mon âme ; je le tiendrai ! Thérèse, vous ne pouvez pas plus que moi vous soustraire à cet engagement !

XXXII

XXXII

Thérèse attacha sur lui un regard plein de reconnaissance et de tendresse :

— Merci, mon Alfred, reprit-elle; je sais à quelle école vous avez été élevé, je connais les traditions de votre noble et ancienne famille; j'apprécie l'immense sacrifice que vous voulez me faire... mais si j'acceptais ce sacrifice, il entraînerait toujours avec lui certains délais...

— Je vous devine, Thérèse... ingrate et cruelle femme! vous voulez m'ôter ma seule consolation dans ma douleur, celle de vous donner mon nom !... cependant je vais faire diligence, m'informer des formalités à remplir...

— Eh bien! j'y consens, Alfred, reprit la jeune fille avec un sourire triste qui décélait une arrière-pensée, occupez-vous de ces soins divers..., quant à moi, les convenances, le respect dû à la mort, me défendent de me livrer à de semblables préoccupations, lorsque la cendre de mon pauvre père est à peine refroidie. Laissez quelques jours à ma douleur filiale ; consentez à rester un peu de temps sans venir à la fabribue... Je vous avertirai quand nous pourrons nous revoir !

Alfred réfléchit un moment.

— Je cède, car vos scrupules prennent leur source dans un sentiment respectable... J'attendrai donc, Thérèse ; mais de grâce, au nom même de celui que nous pleurons, ne prolongez pas volontairement mon exil !

— Je vous le promets, ami..... Eh bien, maintenant séparons-nous.... Je me reproche comme un crime ces sentiments qui ne sont pas pour mon père ! Adieu, Alfred, ne me retenez pas davantage.

— Adieu, Thérèse... ou plutôt à revoir, comtesse de Précigny.

Il s'avança vers elle, et la pressant doucement dans ses bras, il lui donna sur le front un chaste baiser.

— Alfred, murmura la jeune fille sans se dégager de cette étreinte, quel triste et funeste amour que le nôtre! Il s'est révélé près du lit de mort d'un enfant ; nous avons été fiancés devant la couche mortuaire d'un vieillard, et nous ne pouvons être réunis que dans la tombe !

Le comte la serra encore une fois contre sa poitrine et s'échappa en murmurant :

— A bientôt... Thérèse, à bientôt !

Restée seule, la jeune fille tomba sur un siège dans une sombre rêverie.

— Il veut me revoir! pensait-elle ; mais son courage et le mien s'épuisent dans ses déchirantes entrevues.... D'ailleurs, ce mariage avec une femme d'un rang inférieur

au sien, le ravalerait aux yeux du monde!
Non ce mariage ne doit pas s'accomplir!.....
Comment faire pour que cet adieu soit le
dernier !

Au milieu de tant d'émotions, l'un et
l'autre avaient oublié cet indigne Smithson
dont la conduite avait été si coupable. Au
moment où Alfred traversait la cour de la
fabrique, il s'entendit appeler par Merville ;
il s'arrêta.

— Monsieur le comte, dit le docteur, si
vous vouliez m'en croire, vous vous feriez
accompagner par quelques personnes sûres
pour retourner à la ferme.... Le contre-
maître vous guette sans doute au passage. Il
a quitté tout-à-fait la manufacture, et comme
il est réduit au désespoir, je crains.....

— Quoi! ce misérable qui a porté le coup

mortel à son bienfaiteur avec tant de barbarie et de lâcheté? Fasse le ciel qu'il se trouve sur mon chemin...

— Prenez garde! monsieur de Précigny; vous êtes franc et loyal, cet Anglais, au contraire, est traître et perfide... il essaiera de vous tendre un piège.

— Peu m'importe! répliqua le comte avec colère. Cet homme est le seul au monde à qui je voudrais, en ce moment disputer ma vie... S'il m'attaque, il trouvera ma haine contre lui égale au moins à sa haine contre moi !

Merville voulut insister pour qu'Alfred appelât quelqu'un de ces paysans qui travaillaient encore dans l'ancien lit de l'étang, le jeune homme ne l'écoutait plus.

— Docteur, interrompit-il avec un accent

de sévérité mélancolique, je ne sais si je me trompe, mais vous devez avoir bien des reproches à vous adresser à l'égard de la famille Laurent... Au moins, pouvez-vous m'assurer que Thérèse ne court pas un danger immédiat? Grâce à vos soins, sa frêle existence sera-t-elle prolongée de quelques jours encore?

— Je l'espère, monsieur, dit le docteur en baissant les yeux ; sans ces cruelles émotions qui l'ont accablée récemment, elle eût pu vivre encore, malgré mes prévisions, jusqu'à la fin de l'automne, comme le désirait ce fou obstiné de Smithson.

— Ainsi donc, demanda le comte avec cette intrépidité du marin en péril qui calcule le moment précis de son naufrage, pensez-vous qu'un mois ?...

— Un mois est bien long, mais je puis répondre de quinze jours...

— Il suffit, dit Alfred en frémissant. Eh bien! monsieur, veillez sur elle comme vous veilleriez sur votre propre enfant... Peut-être ainsi effacerez-vous vos torts aux yeux de Dieu et de votre conscience!

En même temps il franchit la grande porte et s'éloigna de la fabrique.

— Quinze jours! murmurait Alfred; aurai-je le temps d'accomplir mon projet?... Une délicatesse excessive empêche encore Thérèse de contracter ce mariage approuvé par son père lui-même! Je ne possède au monde que mon nom; je veux le donner à Thérèse, avant que la mort nous sépare... et puis, s'il m'est défendu d'attenter à ma vie, j'espère que le chagrin me tuera!

Tout en faisant ces réflexions il s'avançait d'un pas rapide vers le pont provisoire où il avait rencontré le matin même les compatriotes de Smithson. Il ne songeait déjà plus aux avertissements de Merville; d'ailleurs que pouvait-il avoir à craindre en plein jour, dans cette campagne remplie de monde? on entendait de l'autre côté de la chaussée en ruines les causeries des gens de Précigny, occupés au curage de l'étang.

En arrivant au pont de planches, il aperçut un cheval sellé et bridé qu'on avait attaché aux branches d'un saule nain, seul arbre de cet endroit marécageux. Mais cette circonstance n'attira pas son attention; il passa outre et traversa le ruisseau. Parvenu de l'autre côté, il allait continuer sa marche, quand un homme sortit brusquement de derrière un buisson rabougri et lui barra le passage; Smithson, car c'était lui, tenait un pistolet à chaque main.

— Mylord Précigny, dit-il d'une voix presque inintelligible, j'aurais pu vous tuer tout à l'heure quand vous veniez à moi sans défiance... vous m'avez assez gravement insulté pour que tous les moyens de me venger puissent me paraître innocents! Néanmoins, comme je suis un homme d'honneur, un digne gentleman, et comme je ne mérite pas les injures dont vous et les autres vous vous êtes plu à m'accabler, je vous propose un duel honorable, à armes égales... Acceptez-vous?

La pâleur qui couvrait son visage, la sueur qui roulait en grosses gouttes sur son front, disaient combien cette résolution avait dû coûter au provocateur.

— De tout mon cœur, Monsieur, dit Alfred en saisissant avec impétuosité l'arme que Smithson lui présentait d'une main tremblante, je n'attendais pas de vous tant de magnanimité... Il est plus dans vos habitudes d'attaquer avec des paroles venimeuses et des calomnies, qu'avec une arme à feu; on tue plus sûrement et avec moins de danger... Mais, les explications sont inutiles entre nous; fixez les conditions de ce duel, et je m'y conformerai sans observation.

— Je suis complètement étranger à ces sortes d'affaires, balbutia Smithson dont la contenance devenait de moins en moins résolue; en Angleterre, les négociants n'ont pas l'habitude... Prescrivez vous-même les règles du combat...

— Eh bien! donc, restez près de ce buisson... Moi, je vais me placer près de ce bloc de pierre... Après que j'aurai compté trois, vous tirerez le premier...

Tout en parlant, il allait prendre son poste à l'endroit désigné. Cette ardeur parut inspirer de mauvais augure à l'Anglais.

— Pas si vite, mylord, bégaya-t-il; toute réflexion faite, je crois que nous avons tor de nous battre sans témoins; il serait plus convenable...

— Des témoins! Vous en aurez plus que vous ne voudrez si vous tardez davantage... Hâtez-vous, monsieur; on vient, nous allons être dérangés !

En effet, un des paysans occupés au déblaiement de l'étang, avait reconnu le comte du haut de la chaussée, au moment où il quittait la manufacture. En voyant celui qu'à bon droit on appelait le bienfaiteur du pays, arrêté dans ce lieu écarté par Smithson, son ennemi mortel, cet homme soupçonna une partie de la vérité, et s'empressa d'appeler les travailleurs au secours d'Alfred. Bientôt on vit une foule d'hommes, armés de bêches et de pelles, courir sur les débris de la digue en poussant des cris désordonnés. Plusieurs descendirent dans la vallée pour rejoindre les deux adversaires que l'on distinguait d'une grande distance au milieu de ce terrain nu et découvert. Parmi les plus empressés, se trouvaient Mathurin et Rigobert ; l'un dirigeait les travaux d'assainissement, l'autre, inquiet de la longue absence d'Alfred, et, impatient de connaître le résultat de son entrevue avec M. Laurent, était venu au-devant de lui jusqu'au village.

A la vue de cette foule tumultueuse, Smithson dit en souriant :

— Il n'y a pas moyen de continuer le combat au milieu de tout ce monde et de tout ce bruit... Ce n'est pas ma faute. Vous me rendrez la justice de convenir, mylord de Précigny, que les circonstances seules ont trahi ma volonté.

Il baissa son pistolet et voulut quitter son poste.

— Ne bougez pas, monsieur, s'écria le comte et mettez-vous en garde... Deux coups de feu sont bien vite échangés... nous avons le temps de terminer le combat, avant que ces gens ne soient ici !

— Mais, monsieur, ne vaut-il pas mieux attendre... je vous promets...

— Est-ce ainsi que vous sert votre haine

contre le fiancé de Thérèse? s'écria le comte, employant les moyens qu'il jugeait les plus énergiques pour ranimer la colère de son antagoniste ; assassin de Laurent, ne saurais-tu avoir une minute de courage ?... tire donc, misérable lâche, ou je fais feu moi-même et ne t'en prends qu'à toi, si le sort t'est contraire.

En même temps il pointa son pistolet sur Smithson comme s'il allait tirer.

L'Anglais, poussé à bout, perdit complètement la tête ; il éleva son arme précipitamment, et sans viser, sans presque regarder, il lâcha son coup dans la direction du comte.

Un fatal hasard dirigea la balle ; Alfred atteint en pleine poitrine, tomba à la renverse sur le gazon : des flots de sang jaillirent sur ses vêtements, il murmura en regardant le ciel :

— Merci, mon Dieu! Thérèse et moi nous ne serons pas séparés !

Au bruit de l'explosion, les gens qui accouraient de l'extrémité de la vallée s'étaient arrêtés brusquement; mais quand la fumée du coup se fut dissipée, et quand ils eurent aperçu Alfred étendu à terre presque sans mouvement, ils reprirent leur course avec des cris de rage et de douleur.

Smithson, surpris et épouvanté de ce qu'il avait fait, restait immobile, l'œil fixe, l'air égaré, comme s'il n'eût pu croire lui-même à sa victoire. La voix faible et gémissante d'Alfred vint le tirer de l'espèce de stupeur où il était plongé.

— Fuyez, monsieur, lui dit-il; mes amis

vont être furieux, exaspérés.... Dans le premier moment, ils seraient capables de tout pour me venger ; ne les attendez pas....

Rappelé à lui-même par cet avis généreux, Smithson jeta au loin son pistolet déchargé et s'élança vers son cheval. Mais avant qu'il eût détaché sa monture et qu'il se fût mis en selle, les gens de Précigny arrivèrent. Les uns entourèrent le jeune homme renversé, d'autres s'avancèrent, en brandissant leurs bêches, vers Smithson.

— Assommez cet abominable scélérat qui vient de tuer le comte de Précigny ! s'écria Mathurin en fureur ; assommez-le comme un chien enragé, sans crainte, sans pitié !

— Oui, ne l'épargnez pas, ajouta Rigobert ; je me doutais bien ce matin que ce double traître méditait quelque chose de pareil contre notre ami.... Tombez dessus, mes garçons; si vous le tuez, il n'y aura pas de préméditation et je me charge de votre défense en cour d'assises.

Les paysans n'avaient pas besoin de ces encouragements; la vue du comte de Précigny tout sanglant suffisait pour les animer à la vengeance. Déjà les plus rapprochés frappaient à tort et à travers sur le cheval et le cavalier avec leurs lourds instruments aratoires. Smithson proférait des imprécations terribles, mais on n'en tenait pas compte; c'en était fait de lui peut-être, si le blessé, que Mathurin et Rigobert venaient de soulever dans leurs bras, ne se fut écrié de toute sa force :

— Laissez-le, braves gens; je vous en

prie, ne le maltraitez pas... Ce n'est ni un guet-apens, ni un assassinat... c'est un duel régulier où mon adversaire a eu l'avantage! Au nom du ciel! laissez-le libre de s'éloigner... je vous demande encore cette faveur; ne me la refusez pas!

Les paysans étaient indécis.

— Ne le contrariez pas, dit Mathurin d'un air triste en baissant les yeux sur le blessé; jusqu'à son dernier soupir, il a le droit de nous commander!

On obéit à cet ordre. Smithson, subitement dégagé, au moment où il se croyait perdu, enfonça les éperons dans le ventre de son cheval et partit au galop. Un instant après il disparut dans le lointain.

Mais on ne songeait déjà plus à lui; on se pressait autour du comte; la consternation et le désespoir se peignaient sur tous les visages. Mathurin avait déchiré son mouchoir et essayait de bander la plaie d'où s'échappait toujours le sang en grande abondance.

— Un médecin ! mon Dieu ! qui nous procurera un médecin ! s'écria Rigobert avec angoisse; la blessure n'est peut-être pas mortelle... de prompts secours pourraient diminuer le danger !

— Un médecin ! oui, répliqua Précigny d'un air résigné; qu'il prolonge ma vie de quinze jours encore ! je ne demande à Dieu que quinze jours... passé ce délai, la mort sera pour moi un bienfait !

Et il s'évanouit dans les bras de ses amis.

XXXIII

Quand Alfred de Précigny recouvra complétement l'usage de ses sens, il se trouva dans une chambre obscure et silencieuse. Il occupait un excellent lit, au fond d'une alcôve presqu'entièrement fermée par d'épais rideaux de damas. Il promena autour de lui un regard attentif; aucun objet connu ne frappa ses yeux. Il chercha à recueillir ses idées ; dans son cerveau affaibli tout n'était que chaos et confusion. Cependant il finit par se rappeler vaguement sa visite à la manufacture, la mort de Laurent, son duel avec Smithson, son évanouissement ; mais il lui semblait que ces évènements s'étaient passés depuis longtemps déjà, et que dans l'intervalle, bien des faits nouveaux avaient pu trouver place. Il se souvenait d'avoir vu les images de personnes étrangères ou amies se succéder, s'agiter autour de lui ; mais ces images étaient-elles des réalités ou des illusions de son esprit malade, il l'ignorait. Il s'efforçait d'assembler ses souvenirs, comme le songeur qui cherche à se rendre compte le matin des rêves incohérents dont son sommeil a été troublé pendant la nuit, et il ne pouvait y parvenir.

Après avoir employé quelques instants à cet examen intérieur, il voulut faire un mouvement pour reprendre possession de ses facultés physiques en même temps que de ses facultés morales. Mais vainement essaya-t-il de dégager ses bras des couvertures dont il était enveloppé; la force lui manqua pour exécuter sa volonté. Il tenta de se retourner sur sa couche; mais des compresses et des bandages, serrés autour de son corps, le retinrent immobile; une violente douleur qu'il ressentit à la poitrine lui arracha un sourd gémissement.

Aussitôt le rideau se souleva avec précaution et une femme avança la tête;

c'était Catherine, la gouvernante d'Alfred.

— Où suis-je donc, mon Dieu ? demanda le comte d'une voix si faible qu'on pouvait à peine l'entendre.

Au lieu de répondre, la gouvernante le regardait fixement, d'un air effaré. Le malade se taisait, comme s'il eût été épuisé par ce premier effort ; puis, attachant sur sa gardienne un regard doux et mélancolique, il reprit :

— Ma bonne Catherine, est-ce vous ?

La pauvre femme parut transportée de joie.

—Sainte-Vierge ! s'écria-t-elle en joignant les mains, mon jeune maître parle tranquillement... il me reconnaît... il n'a plus cet affreux délire ! il est guéri, il est sauvé !... Je vais appeler ces messieurs, je vais...

— Restez, ma bonne, reprit le malade, je me sens fort abattu et le moindre bruit me fatiguerait. J'ai donc été bien malade?

— Vous pouvez le dire, monsieur! Le docteur Merville vous croyait perdu, et sans ce grand chirurgien que l'on a fait venir de Châteauroux... En voilà un qui entend son affaire! comme il a adroitement extrait la balle, comme il a pansé votre blessure, comme il vous a traité avec zèle! Aujourd'hui il a annoncé de suite, en vous voyant dormir si paisiblement, qu'à votre réveil vous auriez recouvré votre raison. Je vais aller le chercher pour lui montrer comme il a deviné juste, le digne homme!

— Il y a donc long temps que je suis alité? demanda le comte avec inquiétude.

— S'il y a longtemps!... hem! je ne vous

dirai pas précisément juste... je ne sais trop... quatre ou cinq jours peut-être.

Une vive satisfaction épanouit les traits du malade.

— Quatre ou cinq jours! murmura-t-il : le temps m'avait paru bien long... Mais, je vous en prie, Catherine, dites-moi donc où je suis; cette chambre m'est tout à fait inconnue...

Ces questions mettaient la gouvernante dans un embarras évident.

— Allons! reprit-elle, ne vous occupez pas de cela en ce moment..... on avait bien raison de m'avertir qu'en reprenant connaissance vous demanderiez un tas de choses.... mais on m'a défendu de répondre, ça vous brûlerait le sang; vous ne devez vous occuper absolument de rien, si vous voulez guérir promptement.

— Catherine, y a-t-il donc du mystère à m'apprendre où je suis?

— Où vous êtes? eh bien! ma foi, vous êtes chez M. le curé de Précigny... la ferme était trop loin pour qu'on pût vous y transporter avec cette horrible blessure, et on vous a conduit ici... Tout-à-l'heure vous allez voir M. le curé.

En achevant cette explication, Catherine semblait fière d'elle-même, car elle venait d'éviter adroitement un dangereux écueil. Alfred, avec la crédulité d'un malade, ne songeait pas à révoquer en doute son assertion.

— Ma chère Catherine, reprit-il après une nouvelle pause, vous m'avez témoigné un attachement sincère dans la crise qui vient de finir, et je vous en remercie... Mais, avez-vous été seule à veiller près de mon lit, à me prodiguer des soins empressés?

— Comment! vous vous êtes aperçu de cela? Fiez-vous donc aux malades!... Oui, certes, je ne vous ai quitté ni le jour ni la nuit; n'était-ce pas mon devoir?

— Et cependant, Catherine, j'ai cru apercevoir bien des fois une personne jeune et belle... Oh! bien belle! malgré sa pâleur...... Elle penchait sa tête sur ma couche, dans les moments où j'éprouvais d'horribles souffrances; elle me parlait à voix basse, et ses paroles répandaient sur mon cœur comme un baume bienfaisant.... Souvent, la nuit, je la voyais s'agenouiller là-bas devant ce crucifix et elle priait avec ferveur. D'autrefois elle venait s'asseoir près de moi; je la distinguais dans l'obscurité de l'alcôve, à la blancheur de ses vêtements; elle me prenait la main, et je sentais des larmes brûlantes couler sur mon visage... Cette femme, ma chère Catherine, cet ange gardien, cette sainte protectrice, où est-elle? pourquoi ne la vois-je pas? où est Thérèse, mon amie, ma fiancée, mon angélique Thérèse?

Il prononçait ces mots avec une exaltation toujours croissante. La gouvernante avait d'abord paru frappée de surprise; mais à mesure qu'il s'animait, une profonde douleur remplaçait l'étonnement.

— Miséricorde! s'écria-t-elle, aurait-on pu s'attendre à cela? Un homme aussi malade et qui avait l'air de ne reconnaître personne...

— Parlez! Catherine, ayez pitié de mes angoisses; où est Thérèse? J'ai besoin de la voir; sa présence me rendra sur-le-champ la santé et la vie.

— Jésus, mon Dieu! que me demandez-vous? répliqua la bonne femme en fondant en larmes, je ne sais pas, moi... je ne peux pas vous dire... Dans le délire de la fièvre, vous vous imaginiez voir une foule de personnes; vous parliez sans cesse au défunt M. Laurent, au bonhomme Nicolas et aussi à mademoiselle Thérèse! Vous leur disiez des choses à fendre le cœur, surtout à mademoiselle Thérèse, mais...

— C'était donc un rêve? murmura le comte en soupirant.

Et il ferma les yeux pour se recueillir.

En ce moment, plusieurs personnes entrèrent dans la chambre ; c'étaient Merville, Rigobert et le chirurgien qu'on avait mandés de la ville voisine. Catherine, éperdue, alla au devant d'eux et leur conta à voix basse ce qui venait de se passer entre elle et Alfred. Rigobert fronça le sourcil :

— Ce que je prévoyais arrive ! dit-il avec inquiétude.

Il s'entretint quelques minutes avec le médecin étranger, puis tous ensemble s'avancèrent pour examiner le malade. Alfred s'était à peine aperçu de leur présence ; il semblait encore suivre, dans son imagination, la trace fugitive d'un fait récent. Néanmoins, il répondit avec politesse aux paroles encourageantes que lui adressa le docteur.

A la suite de cet examen, le médecin se retira à l'autre extrémité de la chambre ;

Rigobert et Merville se hâtèrent de le rejoindre.

— Eh bien? demanda le procureur.

— Son état est très-satisfaisant; mais la tête commence à travailler et nul ne sait ce que pourrait amener une semblable agitation, si elle se prolongeait... D'ailleurs, plus il avancera, plus ses facultés acquerreront de lucidité et plus une rechute sera facile; à mon avis, il ne faudrait pas attendre davantage.

— Je partage votre opinion, docteur, répondit Rigobert; il y aura un moment difficile à passer; mais nous ferons bien de brusquer les choses, et je m'en chargerai volontiers...

— Ceci n'est plus du ressort de la médecine et de la chirurgie, dit le docteur; vous êtes son ami, agissez à votre guise... Pour moi, je vais attendre jusqu'à ce soir l'effet de vos révélations sur notre malade ; puis je retournerai à la ville et je laisserai le comte de Précigny aux soins du docteur Merville, avec qui je vais m'entendre à ce sujet.

En ce moment, Alfred, comme s'il eût voulu favoriser ces projets, appela Rigobert d'une voix éteinte.

— Soyez prudent ! dit le praticien d'un air soucieux ; le malade est nerveux, et...

— Je ferai de mon mieux, répliqua Rigobert ; dans ce que j'ai à lui dire, certaines particularités sonnent assez bien... Ah ! si ce pauvre garçon ressemblait au commun des hommes, je n'aurais pas d'inquiétude !

Il salua les médecins qui se retirèrent, et il s'avança vers l'alcôve.

Le malade, impatienté de ces chuchotements, faisait des soubresauts convulsifs sur sa couche; son visage était rouge et animé.

— Me voici, mon jeune ami, dit Rigobert d'un ton cordial, en s'asseyant au chevet du lit. Eh bien donc ! le danger est enfin passé !... Savez-vous, mon cher comte, que vous nous avez causé de cruelles inquiétudes?

Alfred ne se pressa pas de répondre ; une pensée unique occupait son esprit.

— Je vous remercie de votre affection, monsieur Rigobert, répliqua-t-il enfin ; vous ne m'avez pas abandonné dans mon malheur : vous vous êtes montré mon ami, mon véritable ami, en restant près du pauvre malade...

— Allons donc ! n'avais-je pas contracté

envers vous une vieille dette au sujet de cette maudite jambe que j'avais eu la sottise de me fouler une certaine nuit? Par exemple, je n'ai pas eu besoin de vous soigner, comme vous m'avez soigné vous-même; car, sans compter cette pauvre Catherine, vous avez trouvé ici...

Il s'arrêta tout-à-coup. Alfred l'écoutait bouche béante.

— Catherine n'était donc pas seule à veiller sur moi? demanda-t-il avec quelque chose de son ancienne vivacité; parlez, mon ami, parlez; vous connaissez mon secret, vous devez avoir une idée de mes angoisses... dites-moi où est Thérèse; que fait-elle? Pourquoi n'est-elle pas près de moi?

— Thérèse! répéta Rigobert avec un certain embarras ; n'est-ce pas mademoiselle Laurent que vous appelez ainsi ?

— Eh ! vous le savez bien... de grâce, mon cher Rigobert; ne me faites pas languir... elle est venue, n'est-ce pas? cette femme vêtue de blanc qui priait et qui pleurait, là, à cette place où vous êtes, c'était elle .. Oui, elle est venue ; en apprenant mon accident elle a dû s'empresser d'accourir ; elle, si charitable et si bonne, elle fût venue pour le dernier malheureux ! D'ailleurs, je l'ai reconnue ; je me souviens maintenant de diverses circonstances... mais, avouez donc que c'était Thérèse !

— En effet, balbutia l'homme de loi qui commençait à trouver sa mission difficile, mademoiselle Laurent est entrée ici... plusieurs fois.

— Dites tous les jours, toutes les nuits... je ne pouvais lui parler, mais je la voyais, et sa vue calmait mes souffrances, rafraîchissait mon sang... Elle va revenir, n'est-ce pas? Elle ne peut tarder !

— Je... je ne sais pas. Peut-être...

— Qu'on la fasse prévenir; je mourrai si elle ne se montre pas à moi !.... C'est étrange ! je suis malade seulement depuis quelques jours, et il me semble que des semaines se sont écoulées depuis que je suis étendu sur ce lit de douleur...

— Le temps paraît bien long quand on souffre.

Alfred, dans son agitation croissante, était parvenu à dégager un de ses bras; il regarda avec attention sa main blanche d'une maigreur presque diaphane.

— Trois jours de souffrance, reprit-il d'un ton pensif, auraient-ils pu me maigrir à ce point?

— Vous avez perdu tant de sang... et puis la fièvre qui s'en est mêlée... mais calmez-vous, mon cher comte ; vous vous échauffez trop pour un malade, on ne peut pas causer avec vous.

— Je ne me calmerai pas tant que je n'aurai pas vu Thérèse... Depuis plusieurs jours, elle n'est pas venue me soutenir, m'encourager par sa présence !

— Allons, Précigny, soyez homme, morbleu. La jeune demoiselle vous a visité assez souvent, il est vrai, mais votre imagination vous la montrait même en son absence.

— Non, non ! répliqua le comte avec égarement ; je ne confonds pas les illusions de la fièvre avec les impressions plus nettes de la réalité... Ecoutez, reprit-il en faisant un effort pour assembler ses souvenirs, je puis vous dire en quelle circonstance je l'ai vue pour la dernière fois... C'était la nuit; un profond silence régnait autour de moi; Catherine était endormie dans son fauteuil, là-bas, près de la fenêtre; moi, j'étais en proie à d'horribles souffrances, et je poussais parfois de sourds gémissements. Tout-à-coup, j'entendis un léger bruit, et cette porte qui est là, en face de moi, s'ouvrit lentement. A la pâle lueur de la lampe, je vis Thérèse s'avancer vers moi; elle était vêtue de blanc comme toujours; il y avait en elle je ne sais quoi de vaporeux et d'aérien qui n'était pas de ce monde. En marchant, elle chancelait, et elle s'appuyait aux meubles. Elle s'agenouilla devant mon lit; elle se pencha sur moi si près que nos visages se touchaient : » Mon ami, me dit-elle d'une voix faible en souriant, je viens te dire adieu. Souviens-toi toujours de ta pauvre Thérèse et sois digne d'elle en te montrant courageux pour supporter la vie... Tu ne m'entends pas, pauvre ami, où du moins tu ne peux me comprendre... Je veux cependant tenir la promesse que je t'ai faite ; prends cette bague, elle a appartenue à ma mère. Elle sera le gage de cette union qu'il ne nous a pas été donné de consacrer sur la terre. « Elle mit à mon doigt un anneau d'or; je voulus parler, ma langue resta attachée à mon palais, je ne formai que des sons inarticulés. Alors Thérèse prononça encore le mot « adieu, » me donna un baiser froid comme glace, et tout disparut... Je ne sais ce qui se passa, je perdis connaissance.

Rigobert prenait fréquemment des prises de tabac pour cacher son émotion.

— C'était un rêve, mon ami, dit-il avec effort. Songez donc!... Comment pourrait-il se faire...

— Un rêve! répéta Alfred; vous aussi vous pensez?

Tout à coup, il poussa un cri perçant.

— Non, non, ce n'était pas un rêve! reprit-il en agitant son autre main qu'il venait de dégager des couvertures, regardez cet anneau... c'est l'anneau de Thérèse!

Une bague entourait en effet le doigt osseux et effilé du jeune comte.

Par un effort surhumain, il se souleva sur le coude.

— Rigobert, dit-il d'une voix étouffée, il n'est plus temps de me cacher la vérité... Parlez, j'aurai du courage... elle est morte; n'est-ce pas qu'elle est morte... Thérèse, ma fiancée, ma femme?

Ce calme apparent trompa l'homme de loi.

— Eh bien! reprit-il avec trouble, si vous me promettez d'être fort, d'être raisonnable... un homme doit savoir supporter les douleurs de la vie... Thérèse...

— Achevez...

— Depuis deux jours elle est au ciel... avec les anges!

Alfred poussa un cri long et déchirant, comme s'il eût voulu exhaler son âme avec ce cri, puis il retomba en arrière en proie à d'horribles convulsions.

XXXIV

Rigobert fut épouvanté de cet excès de douleur auquel il ne s'attendait pas. Il appela du secours; bientôt la chambre fut remplie de monde. Les deux médecins et Catherine prodiguèrent au malade les soins les plus intelligents, les plus affectueux. Le curé de Précigny entra en ce moment et se joignit à ceux qui s'empressaient autour du malheureux Alfred.

Grâce à tant d'efforts, il commença à se calmer et il rouvrit les yeux. Le chirurgien, après s'être assuré que, dans ces convulsions, l'appareil de la blessure n'avait pas été dérangé, se disposa à se retirer.

— Une crise aussi violente, dans l'état de faiblesse du malade, reprit-il d'un ton grave, annonce une passion peu ordinaire, et si l'on ne parvient à relever son énergie morale, nos efforts pour le sauver demeureront inutiles... Mais l'art de la médecine est impuissant désormais : nous avons des remèdes pour les maux du corps et non pour ceux de l'âme; c'est aux amis de ce pauvre jeune homme à faire le reste. Pour moi, je retourne à la ville, où d'impérieux devoirs me réclament... adieu, messieurs; à vous maintenant d'achever cette guérison... votre tâche, je le crains bien, sera plus difficile que la mienne !

Il salua et sortit avec Merville, qui désirait recevoir ses dernières instructions au sujet du malade.

— Oui, c'est cela, grommela Rigobert en les regardant s'éloigner, il nous laisse nous arranger comme nous pourrons, le docteur ! du moment qu'il n'y a plus ni bras, ni tête à raccommoder... Eh bien ! moi aussi je ne m'en mêle plus... ce diable de garçon vous a des idées si étonnantes que je ne puis atteindre à sa hauteur et je dis des sottises... Lui apprendra le reste qui voudra, moi je n'ouvrirai plus la bouche... parlez donc à un homme qui ne veut pas entendre la raison !

— La raison humaine est bien faible contre les grandes douleurs ! dit le curé avec mélancolie; monsieur Rigobert, ce n'est pas surtout à la raison de ce pauvre enfant, mais à son cœur, à ses sentiments religieux, que nous devons nous adresser !

— Eh bien ! Monsieur le curé, reprit brusquement l'homme de loi, parlez-lui vous-même dans ce sens; pour moi, je serais, je l'avoue, un assez mauvais prédicateur, quoique j'aie la prétention d'être un avocat passable... Oui, vous connaissez les faits aussi bien que moi ; chargez-vous donc d'adoucir cet affreux désespoir, si cela est possible.

— Je l'essaierai, monsieur; mon affection pour ce bon jeune homme et la charité chrétienne m'en font également un devoir.

Il alla s'asseoir au chevet du malade; avec une espèce de curiosité sceptique, Rigobert se plaça à portée d'entendre tout ce qu'il allait dire.

Alfred revenait peu de cette effroyable crise déterminée par la révélation de la mort de Thérèse. Une sorte d'hébétement se peignait sur son visage pâle; son œil était fixe et sec. Quoiqu'il eût recouvré complétement ses sens; il ne semblait pas s'apercevoir de la présence de ses amis. Il gardait un silence farouche.

Le curé se taisait de même, pour donner au pauvre Alfred le temps de se remettre de cette terrible secousse.

Enfin le malade éleva lentement sa main à la hauteur de ses yeux; il examina longtemps sans rien dire l'anneau de Thérèse. Le vieux prêtre profita de ce moment et se pencha vers lui:

— Mon fils, lui dit-il d'une voix douce et pénétrante, vous regardez cet anneau, dernier présent d'une pure et sainte fille qui est maintenant au séjour des bienheureux, mais savez-vous quels grands devoirs, quelles obligations sacrées il doit vous rappeler désormais?

— Oui, oui, je le sais, murmura le comte d'un ton sombre, sans lever les yeux sur la personne qui lui parlait; il me rappelle que nous nous aimions, que nous étions fiancés, et que je dois aspirer à me réunir à *elle* pour l'éternité!

— Vous serez réunis, mon enfant ; mais plus tard, bien plus tard, quand vous aurez rempli la destinée pour laquelle Dieu vous a mis sur la terre... Jusque là il faut vous résigner aux tribulations qu'il plaira au ciel de vous envoyer. Votre vie désormais doit se résumer en deux mots : la charité et l'espérance.

Alfred laissa retomber sa main.

— Je n'attends rien des hommes, dit-il d'une voix brève, et les hommes n'ont rien à attendre de moi... Je n'espère que la mort et je l'appelle de tous mes vœux.

— La mort! il est permis au malheureux de la désirer ; mais souvenez-vous, pauvre enfant, que ce serait un crime de la hâter d'une minute!

— Ai-je besoin de la hâter? répliqua le

comte avec un sourire amer; elle est proche, je le sens; je la bénirai quand elle me frappera.

— Non, non, vous ne mourrez pas encore, mon fils; vous ne mourrez pas encore, si vous êtes chrétien, si vous êtes fort contre vous-même, si vous avez la foi dans le cœur... vous vivrez si vous tenez compte des dernières volontés de votre Thérèse!

— De Thérèse! répliqua le comte en tressaillant à ce nom.

— Oui, de Thérèse, elle n'était préoccupée durant ses derniers jours que de votre avenir, de votre élévation dans le monde. Bien des fois, comme prêtre et comme ami, j'ai reçu ses confessions, ses confidences; elle ne voulait pas s'arrêter un instant à cette idée que, par faiblesse et par lâcheté, vous pourriez rejeter loin de vous le fardeau de la vie, avant d'avoir atteint le bout de la carrière ; elle ne vous eût point aimé, si elle vous eût inspiré un amour égoïste et vulgaire. D'ailleurs vous lui aviez promis de surmonter votre désespoir, si puissant qu'il fût. Pleine de confiance dans vos nobles facultés, dans votre généreuse énergie, elle songeait avec bonheur aux grandes choses que vous pourriez accomplir, aux services que vous pourriez rendre à vos semblables, et elle s'en réjouissait à l'avance comme de son ouvrage !

Le prêtre était, nous l'avons dit, un vieillard à l'aspect bienveillant et vénérable ; sa parole était persuasive, onctueuse, éloquente. D'ailleurs, en parlant toujours de Thérèse il avait trouvé le secret de se faire écouter.

Aussi, le malade n'avait-il plus cet air farouche et hostile du premier moment; son regard avait perdu sa fixité morne. Il s'était tourné vers le vieillard.

— Que me demandez-vous, mon père? dit-il avec abattement; qu'exigez-vous, en invoquant une autorité presque aussi sainte à mes yeux que celle de Dieu même!... Pourquoi veut-on me condamner, à vivre, moi dont la vie est si douloureuse? que suis-je sur la terre? quelle place pourrais-je y tenir?... Réfléchissez donc, en quoi pourrais-je être utile à mes semblables? Quels services pourrais-je rendre à la société? je suis pauvre, isolé, obscur, sans force et sans courage.

— Dieu peut donner aussi bien que retirer la force et le courage! dit le prêtre avec véhémence; mais est-ce à vous, jeune homme, de vous plaindre de votre faiblesse, quand la protection d'en haut s'est si manifestement déclarée pour vous dans votre récente entreprise? Voyez ce qu'a fait la Providence! avec un humble instrument tel que vous: une population entière était dans le deuil; cinquante familles étaient décimées chaque jour par un impitoyable fléau; un homme fier et puissant, appuyé sur des droits légaux, soutenu par la force publique, entouré de deux cents hommes robustes disposés à le défendre, triomphait dans sa splendide demeure de ces malheureux désespérés. Dieu vous a suscité, vous jeune homme pauvre et obscur, comme vous dites: et en quelques mois, l'homme puissant a été renversé, sa prospérité a été détruite; la face d'un pays entier a été changée; des constructions qui semblaient indestructibles se sont écroulées devant vous, et cette population si opprimée, si voisine d'un anéantissement complet, s'est ranimée tout-à-coup ; la santé, la vigueur, le calme sont revenus pour elle ; maintenant, elle répète vos louanges, elle bénit votre nom... Comte de Précigny, avez-vous encore le droit de dire que vous êtes inutile au monde ? Êtes-vous sûr d'avoir accompli sur la terre la tâche pour laquelle vous étiez choisi ?

Alfred semblait vivement ébranlé par cette argumentation entraînante. Cependant il reprit après quelques instants de réflexion :

— Vous me citez là un fait isolé qui ne se renouvellera plus, qui ne peut plus se renouveler... J'ai beau jeter un regard dans la vie, elle m'apparaît comme un désert aride où j'apprendrais à maudire Dieu et ma destinée... Je n'ai aucun moyen de faire le bien, je serais à charge aux autres et à moi-même. Bientôt il ne me restera plus même de quoi jeter l'aumône au mendiant du chemin!

Le vieux prêtre le regarda fixement.

— Le croyez-vous, mon enfant? dit-il avec réserve; où donc pensez-vous être ici?

— Mais chez vous, monsieur le curé, et j'ai à vous remercier de...

— Vous ne me devez pas de remercîments, comte de Précigny; on vous a trompé, vous êtes en ce moment chez vous.

— Chez moi?

Sur un signe du curé, Rigobert écarta vivement les rideaux de l'alcôve et alla ouvrir la fenêtre. Alfred put apercevoir alors l'immense cour de la manufacture avec ses grands bâtiments de brique et ses milliers de fenêtres alignées sur la façade. La chambre qu'il occupait se trouvait dans le pavillon habité jusque-là par M. Laurent et par sa fille.

—Vous ne comprenez pas? reprit le vieux prêtre en voyant son étonnement; à la suite de ce duel funeste on vous transporta ici, pendant votre évanouissement... Mademoiselle Laurent voulut vous avoir près d'elle, pour veiller elle-même à votre conservation; elle a rempli ce devoir jusqu'à la fin!

— Oh! Thérèse! angélique Thérèse! s'écria le comte avec transport en joignant ses deux mains et en les élevant vers le ciel.

— Ce n'est pas tout, continua le vieillard, il me reste à vous faire connaître les dernières volontés de celle que nous pleurons...

Elle n'avait pas de proches parents ; elle a pu disposer de ses richesses comme elle l'entendait. Vous vous plaignez d'être pauvre, comte de Précigny; eh bien! sachez-le donc: ce bel établissement avec les vastes terrains qui en dépendent, avec ses coffres remplis d'or, avec ses magasins remplis de marchandises, tout cela est à vous... à vous seul!

Alfred restait pétrifié en écoutant cette révélation ; puis il s'écria dans le plus affreux désespoir :

— Sa fortune!... à moi? elle me méprisait donc! elle a cru qu'elle me ferait aimer la vie en me rendant riche? Elle a pu penser que son or adoucirait les cuisants regrets de sa perte?... Cette fortune, je n'en veux pas, je la repousse, je la foule aux pieds... oh! Thérèse! fallait-il donc qu'il y eût une tache sur votre belle et pure image?

Le curé allait répondre; Rigobert n'y tenant plus, lui coupa la parole :

— Morbleu! Précigny, s'écria-t-il avec indignation, ceci est trop fort! vous avez un étrange caractère... Comment diable! on vous donne plusieurs millions et...

— Paix, monsieur Rigobert, dit le prêtre avec autorité; c'est à moi de faire comprendre à ce malheureux enfant son ingratitude et son injustice!... Comte de Précigny, avez-vous jugé si mal les intentions de cette jeune fille? n'avez-vous pas senti qu'en vous léguant cette immense fortune, dont la source était dans l'égoïsme et l'amour du gain, elle vous léguait le devoir de l'ennoblir et de la purifier? Oh! ne vous hâtez pas d'imputer à Thérèse une pensée étroite et bassement humaine! qui sait à quels scrupules de conscience elle a obéi, en vous restituant ces biens qui avaient appartenu à vos ancêtres, et dont vous disputiez naguère encore une partie à son père? D'ailleurs, n'étiez-vous pas son époux aux yeux de Dieu?... Vous vous plaigniez tout à l'heure, Alfred de Précigny, de ne pouvoir rien tenter d'important pour le bien de l'humanité; Thérèse a prévenu cette objection en mettant à votre disposition ces immenses moyens d'action sur tout ce qui vous entoure. Songez combien de larmes vous pourrez sécher, combien de malheureux vous pourrez combler de joie! Vos ancêtres ont été les bienfaiteurs de ce pays dans des temps encore peu éloignés de nous; Thérèse a voulu vous donner le pouvoir de continuer ces traditions de haute charité, de généreux patronage... Vous avez pu déjà, grâce à un miracle de dévoûment, rendre la santé et la vie aux anciens serviteurs de votre famille; cela ne suffit pas, vous avez maintenant à les rendre heureux. Que votre noble intelligence se mette à l'œuvre! que vos instincts élevés se réveillent! Cherchez une nouvelle mission à remplir, un but utile à atteindre, et l'or que vous aurez en mains vous permettra de réaliser vos desseins... Voilà ce qu'a désiré votre amie en vous faisant le dépositaire de sa fortune; elle a compté vous créer un grand devoir envers elle, envers le monde et envers Dieu! Cette pensée était digne d'elle et digne de vous!

— Cela est-il bien vrai, mon père? s'écria Alfred d'une voix entrecoupée; sont-ce là, en effet, les intentions de ma pauvre Thérèse ? Ne me montrez-vous pas cet acte sous un pareil jour, seulement pour m'obliger à accepter avec résignation les luttes et les souffrances de la vie ?

— J'en atteste le ciel ! reprit le vieillard avec chaleur ; ce sont là les idées dont m'entretenait sans cesse mademoiselle Laurent à ses derniers instants. Elle connaissait votre cœur ; elle savait que les liens d'intérêt personnel ne seraient rien pour vous... Mais, si vous doutiez encore, vous en croirez du moins un Mémoire écrit de sa main, où elle a tracé un plan de conduite à votre usage... Son âme céleste s'y réflète tout entière !

— Ce papier, mon père, ce précieux manuscrit, où est-il ? interrompit Alfred avec agitation ; de grâce, montrez-le moi à l'instant... Je veux le lire, le couvrir de baisers.

— Vous ne seriez pas en état de le comprendre; j'ai promis à Thérèse de vous le remettre le jour où vous serez complètement rétabli; c'est pour moi une obligation sacrée de me conformer à son vœu.

Il y eut un moment de silence. Enfin le prêtre prit les mains du malade, et les serrant doucement, il lui dit avec un accent plein de douceur et de bonté:

— Eh bien, mon fils, voulez-vous encore mourir?

— Que Dieu ait pitié de moi! s'écria le comte en fondant en larmes, j'obéirai aux volontés de Thérèse.

. . . .
. . . .
. . . .

Quand le curé et Rigobert quittèrent la

chambre, après avoir vu le malade calme et résigné, l'homme de loi dit au vieux prêtre avec un accent de regret comique :

— Ah ! monsieur le curé, quel dommage que vous soyez ecclésiastique !

— Et pourquoi cela, monsieur ?

— Parce que vous eussiez pu être avocat... Je n'ai jamais entendu au palais plaider une cause avec autant d'éloquence !

— C'est peut-être, monsieur, que cette éloquence ne s'apprend pas dans les livres de droit... elle se trouve dans l'Évangile et dans le cœur.

Alfred de Précigny tint parole ; il ne repoussa pas les soins qu'on lui prodiguait, et bientôt il entra en convalescence. Le curé lui remit alors ce manuscrit où Thérèse avait déposé ses idées d'avenir pour l'homme qu'elle avait tant aimé. Après l'avoir médité longtemps, non sans verser bien des larmes, le comte partit pour Paris, en laissant Rigobert et un notaire, d'une probité reconnue, chargés de ses intérêts à Précigny.

— Parbleu ! se disait Rigobert en palpant les valeurs considérables contenues dans les caisses du défunt manufacturier, le seul acte désintéressé de ma vie me rapportera plus de bénéfices que cinquante années d'intrigues et de chicanes ! il est bon d'essayer un peu de tout... parce que j'ai su une fois par hasard me montrer généreux, me voilà administrateur d'une succession de plusieurs millions... En faisant les choses le plus honnêtement possible, je n'aurai pas à me plaindre de mon lot... Et l'on dira que la vertu est toujours dupe !

Il faut rendre justice à tout le monde ; plus de six mois après la destruction de la chaussée et la mort du manufacturier, un ordre arrivé de Paris supprima l'étang de Précigny comme insalubre et *peut-être* dangereux pour le voisinage.

ÉPILOGUE.

Deux ans s'écoulèrent.

Par un beau jour d'été, les habitants de Précigny étaient en émoi pour les préparatifs d'une fête telle que de mémoire d'homme le pauvre village n'en avait vu de pareille. Toute la population était sur pied ; les habitants des communes voisines, qui avaient autrefois pris part à ses souffrances, avaient été convoqués pour prendre part à ses joies. Dans l'unique rue du hameau, sur la place de l'Église, partout on rencontrait des bandes de paysans endimanchés. Cette foule n'avait plus cet air hâve, chétif que lui donnait jadis la fièvre épidémique ; les visages épanouis exprimaient le bien-être et le contentement. Le temps, ce grand consolateur, avait adouci le souvenir des malheurs passés ; femmes, enfants, vieillards, semblaient éprouver un sentiment commun, une joie pure.

Les habitations elles-mêmes paraissaient moins pauvres, moins enfumées qu'à l'ordinaire, sous leurs guirlandes de feuillage et leurs drapeaux blancs ; il est vrai que des édifices neufs, somptueusement recouverts en tuiles, s'élevaient çà et là ; le clocher de l'église ne menaçait plus ruine ; le presbytère avait l'aspect le plus confortable. Tout enfin attestait l'action récente d'un génie bienfaisant dans ce lieu où régnaient autrefois la maladie, la désolation et la misère.

C'était surtout à l'entrée du village qu'avaient été faits les préparatifs les plus somptueux ; c'était là aussi que la foule s'agglomérait plus particulièrement. Un grand arc-de-triomphe de verdure dominait la route dans toute sa largeur, répandant autour de lui une odeur fraîche et parfumée. En avant de ce gigantesque édifice de feuillage, une quarantaine de gardes nationaux ruraux, dont pas un n'avait un uniforme semblable à celui de son voisin, s'exerçaient à manier de vieux fusils rouillés, sous le commandement de notre ancienne connaissance, le sapeur Lapanse, métamorphosé en sergent instructeur. Un peu à l'écart, du côté de l'église, se promenait d'un air grave, en habit noir et en écharpe, le maire de Précigny; c'était encore une ancienne connaissance de nos lecteurs, Mathurin, l'agent fidèle du comte Alfred, avait été élevé, depuis la mort de Laurent, à cette dignité municipale. Le digne homme s'efforçait de prendre des manières majestueuses tout-à-fait à la hauteur de la circonstance. Il donnait ses ordres d'un ton bref à ses administrés; il distribuait l'éloge et le blâme aux gardes nationaux qui faisaient damner leur malheureux instructeur sous son harnais militaire. Malgré ces soins divers, il paraissait profondément occupé, tout en se promenant, à inculquer dans sa mémoire rebelle le contenu d'un petit carré de papier qu'il froissait entre ses doigts. Au su des spectateurs, il étudiait un compliment, fruit des élucubrations du maître d'école; et à voir les efforts du malencontreux fonctionnaire pour graver quelques phrases dans sa cervelle, des bambins qui l'observaient à distance, l'accusaient malicieusement d'avoir la tête dure, et de mériter des férules.

Évidemment ces braves gens étaient dans l'attente du héros encore inconnu de la fête; mais l'impatience leur avait fait devancer l'heure fixée pour son arrivée, car aussi loin que le regard s'étendait dans la plaine, on n'apercevait pas encore celui à qui tant d'honneurs étaient réservés. Cependant les yeux se tournaient fréquemment vers le grand chemin; Mathurin lui-même s'arrêtait par moments pour veiller à ce que la personne si ardemment désirée ne pût approcher sans être signalée d'avance à l'enthousiasme public.

Les campagnards s'étaient réunis, comme nous l'avons dit en groupes bruyants et animés. Un seul d'entre ces groupes conservait un caractère de réserve et même de recueillement, quoique la gaîté n'y fût pas moins franche que les autres. Il s'était formé autour d'un vieillard décrépit et aveugle, assis sur un fauteuil de bois devant la porte d'une chaumière isolée. Ce vieillard, à en juger par son air de souffrance et de faiblesse, avait à peine conservé un souffle de vie, et il était douteux s'il reconnaissait ceux qui se pressaient autour de lui. Cependant pas un notable ne passait sans venir lui serrer doucement la main, lui adresser quelques mots affectueux ; l'aveugle répondait seulement par un signe de tête ; ses lèvres s'agitaient, mais sans former aucun son ; quand le visiteur lâchait sa main ridée, elle retombait inerte sur son genou. Ce malheureux vieillard, à qui l'on témoignait tant de déférence, était Nicolas, le patriarche de Précigny, la plus ancienne et la plus triste victime de cette épidémie qui avait désolé le village peu d'années auparavant.

Naturellement les habitants assemblés autour de lui, et c'était l'élite de la commune, devaient, par respect pour son âge et ses infirmités, s'abstenir de ces bruyantes controverses qui éclataient dans les autres groupes; cependant peu à peu ils se relâchèrent de leur réserve première. Un grand gaillard, en redingote noisette, à mine futée et retorte, connu pour être un partisan du progrès dans le conseil municipal d'une commune voisine, s'était laissé aller à exprimer hautement des observations qui excitèrent des réclamations universelles. La discussion s'échauffa. A ce bruit, le sergent Lapanse, las de s'époumoner inutilement pour expliquer à ses hommes la théorie du port d'armes, s'avança en s'essuyant le front. Monsieur le maire lui-même dirigea ses pas du même côté sans cesser de marmotter sa leçon.

— Vous direz ce qu'il vous plaira, bonnes gens, s'écriait le paysan en redingote noisette d'un air capable, mais sans vouloir ravaler votre comte de Précigny, il ne vous fera jamais autant de bien qu'il vous a fait de mal !

— Lui ! du mal ? répliqua une femme avec indignation. Le brave jeune homme qui a desséché l'étang de Précigny et qui nous a rendu la santé et la vie ?... vous êtes fou, maître Simon !

— Le comte de Précigny, qui depuis deux ans nous a comblés de bienfaits ? ajouta un autre, il paie une pension à tous les orphelins de la commune.

— Il a fait bâtir une école et il entretient un maître à ses frais.

— Il a fait réparer l'église.

— Il a fait reconstruire la maison de la veuve Mourette et celle des petits Durand, dont le père est mort de la fièvre.

— Grâce à ses démarches, j'ai obtenu ma pension de retraite que le gouvernement s'obstinait à me refuser! s'écria Lapanse, et je ne souffrirai pas qu'en ma présence...

— Si tout autre que vous, monsieur Simon, dit Mathurin avec une majestueuse sévérité, vous homme de poids et fonctionnaire public, avait osé parler ainsi de notre bienfaiteur, je l'eusse fait prendre par quatre fusiliers et jeter en prison.

— Et voici quelqu'un pour exécuter la consigne, mille tonnerres! s'écria Lapanse. Soutenir que le comte de Précigny a causé du tort à la commune! et cela au moment où il vient s'établir définitivement au milieu de nous!... C'est-à-dire que nous devrions baiser la trace de ses pas!

— Il faudra dételer sa voiture quand il

arrivera, dit une femme exaltée; nous le traînerons à bras jusqu'à la fabrique !

— Non, il vaudra mieux le porter en triomphe.

— Et, en attendant, si nous rossions un peu maître Simon pour lui apprendre à brider sa langue, dit un gros paysan en fronçant les sourcils.

L'homme à la redingote noisette, ou plutôt maître Simon avait supporté jusque-là avec un sang-froid héroïque ces transports d'enthousiasme et d'indignation, mais la motion menaçante du dernier interlocuteur lui donna quelques alarmes.

— Ne vous fâchez pas, mes amis, mes voisins, reprit-il d'un ton conciliateur ; que diable! on peut bien s'expliquer... Je ne suis pas l'ennemi de M. de Précigny, au contraire, parce que c'est un homme qui... que.. enfin, c'est un brave homme. Seulement, je le répète, il est malheureux pour le pays qu'il ait succédé au manufacturier Laurent, et je le prouverai.

— Comment cela, maître Simon ? certainement, vous avez dû être un forcené jacobin du temps de la Terreur !

—Allons donc! je n'avais pas dix ans à cette époque-là... Néanmoins, je ne suis pas porté pour les nobles, parce que voyez-vous les nobles, ça peut avoir ses qualités, ça ne lésine pas trop avec les pauvres, ça dépense de l'argent dont le marchand et l'ouvrier profitent; mais aussi c'est trop fier pour se mêler d'affaires, d'industrie, de commerce, bonnes choses qui enrichissent un pays... Ainsi, par exemple, une supposition : si cette belle manufacture qui est là-bas, et qui ne sert plus à rien aujourd'hui, était tombée entre les mains d'un bourgeois spéculateur qui saurait en tirer parti, ne serait-elle pas mieux qu'entre les mains de ce jeune noble qui en fera tout au plus des étables à bœufs ou des granges?

— Ouais! interrompit l'un des auditeurs, à votre compte il faudrait donc rétablir la manufacture au risque de ramener la peste parmi nous?

— Je ne dis pas cela... cependant tous les villages situés près d'un étang ne sont pas nécessairement ravagés par la fièvre; j'ai entendu assurer par un savant médecin, le docteur Merville, que ce qui était arrivé pour l'étang de Précigny, était accidentel et ne se renouvellerait probablement plus...

Voyez la Brenne, à quelques lieues d'ici; les habitants vivent au milieu des étangs; sans doute, ils ne jouissent pas d'une santé bien florissante, mais ils vivent et ils trouvent leur avantage à cet état de choses, car ils s'enrichissent.

— Vous allez voir !... interrompit Mathurin avec ironie, monsieur Simon nous prouvera que ce serait un bonheur pour nous si l'on remettait en activité la manufacture de Précigny !

— Et pourquoi pas, monsieur le maire, car, enfin, réfléchissez un peu : du temps de M. Laurent, quand il y avait deux cents ouvriers à nourrir à la fabrique, il fallait du pain, du vin, de la viande pour tous ces gaillards-là; nos denrées se vendaient, que c'était une bénédiction! ensuite, dans la saison de la tonte, nous n'avions pas besoin de courir les marchés et de nous inquiéter de nos laines... Nous allions trouver le contre-maître à la manufacture, on pesait la marchandise et aussitôt on nous comptait de bons écus de six francs qui faisaient grand bien où ils passaient... Il y a des gens par ici qui se sont ramassé de jolis magots en ce temps-là ! De plus, quand la récolte était mauvaise, ou l'hiver pendant le chômage, un pauvre homme était toujours sûr de trouver à s'occuper chez M. Laurent et de gagner de quoi nourrir sa famille en attendant la bonne saison ; tout cela valait bien quelque chose !.. Vous autres braves gens de Précigny, vous souffrez de la fièvre, d'aucuns de vous mouraient misérablement, vous vous êtes plaint, vous étiez dans votre droit... Mais, nous autres des communes voisines, nous nous moquions de la fièvre comme du *grand turc* et nous avions de gros avantages à nous trouver si près de la fabrique ; aussi quand nous sommes venus, par bonté d'âme, et moi le premier, vous aider à faire sauter la chaussée de l'étang, nous étions fièrement bons enfants, allez! Depuis, s'il faut l'avouer, plus d'un de nous s'est mordu les doigts de sa complaisance !

L'orateur parlait avec une emphase et un aplomb ridicules ; cependant ses déclamations avaient produit sur les auditeurs une certaine impression.

— Le fait est, dit Mathurin d'un air pensif, que du temps de M. Laurent, ma récolte de vin était vendue chaque année pour les besoins de la fabrique, aussitôt qu'elle était sortie de dessous le pressoir... Jamais depuis je ne m'en suis défait aussi avantageusement.

— Et moi donc! s'écria le gros paysan qui avait proposé d'abord d'assommer maître Simon, quels excellents marchés j'ai conclus à la fabrique!... Quand on pesait mes laines, il s'y trouvait toujours par ci, par là quelques feuilles sèches, quelques graviers un peu gros, qui n'étaient pas d'ordonnance, et *l'Anglais*, vous savez! le monsieur rouge avec des lunettes d'or, criait comme un beau diable. Mais alors M. Laurent arrivait et disait avec son grand air : « Allons, allons, payez ce brave homme... Je fais mes affaires, je veux qu'il fasse les siennes! et ça passait.

— Et puis je voyais arriver chez moi beaucoup de marchands étrangers, dit un aubergiste; sans compter que le dimanche les ouvriers venaient boire au cabaret, et ils payaient bien.

— Tout le monde se ressentait un peu de la richesse de cette maison-là, dit un autre interlocuteur; le plus pauvre diable en avait des bribes... Aussi, ma foi! s'il ne fallait pas rétablir ce maudit étang...

— Si l'on n'avait pas à craindre cette terrible fièvre...

— Il serait à désirer que M. de Précigny consentît à remettre en activité la manufacture.

— Oui, et qui la dirigerait? Croyez-vous qu'un noble de cette volée consentirait, pour votre plaisir, à se faire fabricant de draps?

— Hein! vous y tenez donc? conclut Simon d'un air de triomphe.

— Oui, oui, reprit Mathurin avec un soupir, véritablement il est fâcheux que ce bel établissement soit perdu pour nous!

— Comme nous serions heureux si on le rouvrait! dirent plusieurs voix.

Tout-à-coup la conversation cessa et les interlocuteurs se levèrent précipitamment. Pendant qu'ils exprimaient à l'envi leurs regrets du passé, le vieux curé de Précigny, appuyé sur sa canne, s'était avancé vers eux. Debout, à quelques pas du cercle, il avait entendu leurs souhaits.

Les assistants parurent interdits et baissèrent les yeux; le curé sourit d'un air mélancolique :

— Que l'homme ne sait guère ce qu'il demande! dit-il, en redressant sa taille voûtée; ces mêmes gens que j'ai vus naguères accablés de douleur et de désespoir, attribuant leurs maux affreux à cette opulente demeure, aspirent maintenant de tous leurs vœux à sa régénération... Mais pourquoi m'en étonnerais-je? continua-t-il avec indulgence; les Israélites, sortis de l'esclavage ne regrettaient-ils pas les viandes et les oignons d'Égypte? Pourquoi mes pauvres paroissiens seraient-ils plus conséquents avec eux-mêmes que les enfants d'Israël? L'humanité n'a pas changé depuis trois mille ans!

La plupart des auditeurs étaient incapables de comprendre ces paroles; cependant ils allaient s'excuser de leur apparente ingratitude envers leur bienfaiteur, quand une grande rumeur se fit entendre à l'extrémité du village :

—Le voici! le voici! s'écriait-on.

Tous les yeux se tournèrent vers la grande route; on apercevait au loin dans la plaine une chaise de poste enveloppée d'un nuage de poussière.

— C'est lui en effet! s'écria Mathurin troublé; allons! chacun à son poste !... et moi qui ne sais pas encore ce maudit compliment! maître d'école, venez je vous prie, et tenez-vous à portée, afin de me souffler au besoin... Monsieur le curé, de grâce, ne me quittez pas, je compte sur votre assistance; car je perds la tête tout de bon.

Le curé s'appuya amicalement sur son bras, pour aller recevoir le voyageur, tandis que le maître d'école, sorte de cuistre à mine rouge et pédante, les suivait en grommelant.

— Souffler! moi! souffler! ce sera d'un bel exemple pour mes écoliers!

La garde nationale, excitée par les appels réitérés de son vieux sergent et par les roulements d'un tambour à demi-défoncé, s'était décidée à quitter un cabaret voisin et venait reprendre ses fusils rouillés. En un instant, l'alerte fut générale : les curieux, avertis par le bruit du tambour, accouraient de toutes parts pour assister à la cérémonie officielle. On se poussait, on se coudoyait; la joie, l'impatience se manifestaient par des cris tumultueux.

Bientôt cependant l'ordre se rétablit. La garde nationale, alignée tant bien que mal, formait la haie; la foule se serrait en rangs compacts derrière elle. Les notables de Précigny, le conseil municipal, le curé, le maître d'école, présidés par le maire Mathurin, s'étaient groupés sous l'arc-de-triomphe même. Dans le fond, on apercevait le vieux Nicolas toujours immobile sur son siége rustique; quoiqu'il ne pût rien voir, la foule respectueuse avait laissé devant lui un vaste espace vide. Un profond silence régnait maintenant dans l'assemblée.

Quand la chaise de poste fut arrivée à vingt pas environ de l'arc-de-triomphe, elle s'arrêta, et trois personnes en descendirent. Dans celle qui marchait la première, les habitants de Précigny n'eurent pas de peine à reconnaître le comte Alfred, des deux autres, l'une était Rigobert; la troisième un jeune homme à la physionomie ouverte aux manières distinguées, qui était inconnu de tous les assistants.

A la vue de leur bienfaiteur, les paysans poussèrent des vivats effrénés; le tambour battit aux champs, les soldats improvisés présentèrent les armes; pour roi ou pour empereur, le pauvre village de Précigny n'eût pu faire davantage.

Cependant le comte s'avançait d'un pas rapide vers ses anciens amis. Ce n'était plus le jeune homme vif, impétueux, toujours prêt à braver le péril, à briser l'obstacle; il y avait maintenant dans sa personne une maturité grave, une dignité mélancolique. Quelques rides se montraient à l'angle de ses yeux; quand il ôta son chapeau pour saluer la foule, il laissa voir un front dégarni et presque chauve. Du reste, son visage avait gagné en expression et en noblesse ce qu'il avait perdu en fraîcheur et en régularité ; mais sa pâleur attestait l'action d'une pensée intérieure toujours présente et toujours énergique.

Il semblait fort embarrassé des hommages dont il était l'objet; son mécontentement se dissimulait avec peine sous un sourire poli. Avant que le maire, ému et troublé, eût pu commencer sa harangue, il lui dit d'un ton cordial en lui tendant la main :

— Qu'est-ce que ceci, mon cher Mathurin? une fête... un triomphe... pour moi, votre ami, votre ancien compagnon d'infortune? En vérité, vous n'y pensez pas... je n'ai pas mérité ces honneurs, je n'y ai aucun droit; je tiens seulement à votre affection, à celle de ces braves gens, et bientôt, j'espère, vous me l'accorderez sans réserve!

Cette bonhomie déconcerta l'honnête fonctionnaire; cependant il voulait essayer de se rappeler sa harangue officielle.

— Monsieur le comte, balbutia-t-il, vous nous avez déjà rendu tant de services, vous nous avez comblé de tant de bienfaits! notre reconnaissance...

— Votre reconnaissance ne m'appartient pas à moi! interrompit Alfred avec émotion; si j'ai pu essuyer quelques larmes, soulager quelques misères dans ce pauvre village, remerciez-en la sainte créature dont j'accomplis les volontés ici-bas... Je ne suis rien que par elle et pour elle; c'est elle qui veille encore sur vous du haut des cieux.

Ses yeux étaient humides, sa voix tremblait. Tous ceux qui étaient à portée de l'entendre, partagèrent son émotion au souvenir de Thérèse. Le bon curé essaya de faire diversion à ces pénibles idées.

— Eh bien! mes chers paroissiens, s'écria-t-il gaîment, puisque décidément M. de Précigny ne veut pas de notre réception d'apparat, il faut en prendre notre parti. Laissons donc là le cérémonial, si vous m'en croyez, et traitons le comme un fils, comme un frère bien aimé.

— C'est ça, ma foi! au diable les phrases! s'écria Mathurin, perdant tout-à-coup sa morgue officielle; gardes nationaux, rompez vos rangs... toutes ces simagrées-là ne valent pas une poignée de main ou une franche accolade.

Les rangs se rompirent en effet, et les transports d'enthousiasme éclatèrent sans contrainte. On se foulait pour approcher d'Alfred, pour entendre de sa bouche un mot amical, pour recevoir de lui un signe de souvenir.

— J'aime mieux cette réception que l'autre, mes braves gens, disait le comte en souriant, et je remercie M. le curé d'avoir provoqué ce changement. Ce n'est pas, ajouta-t-il d'une voix altérée en se penchant vers le vénérable vieillard, le premier et le plus grand service qu'il m'ait rendu !

Le vieux prêtre l'embrassa avec effusion.

— Mon fils, murmura-t-il, vous n'avez donc pas désespéré de la miséricorde divine ?

— Non, mon père, j'aurai la force et le courage de remplir la noble mission que

Thérèse m'a confiée... Je suis résigné aux volontés de Dieu et aux siennes.

On applaudit avec chaleur ces embrassements, dont personne néanmoins ne pouvait apprécier le véritable sens.

Pendant ce temps, Rigobert se tenait un peu à l'écart avec le jeune homme inconnu dont nous avons parlé. Celui-ci observait d'un air d'intérêt les témoignages d'amour et de respect que l'on prodiguait au comte de Précigny :

— Eh bien ! monsieur l'ingénieur, lui dit Rigobert avec son accent arcastique, vous le voyez... notre patron n'a pas à craindre d'être traité jamais comme M. Laurent. Votre existence sera douce dans ce pays ! Mais quel malheur que le comte n'ait pas voulu écouter la harangue de Mathurin !

C'eût été un curieux morceau d'éloquence...
Ce diable d'homme ne fait rien comme les autres !

Le jeune homme à qui il avait donné le titre d'ingénieur allait répondre; un nouvel épisode de cette touchante réunion vint couper court à la conversation.

Tout-à-coup, la foule qui se pressait tumultueusement autour du comte, s'entr'ouvrit avec respect: deux robustes paysans s'avancèrent portant le vieux Nicolas dans son fauteuil. La figure si morne et si impassible du pauvre aveugle s'était illuminée d'un rayon de joie et d'intelligence: on eût dit d'un cadavre qu'une étincelle de vie venait de ranimer pour un moment. Il agitait ses bras dans le vide et murmurait faiblement :

— Où est-il? où est-il ? que je touche sa

main, que j'entende seulement le son de sa voix, je mourrai content!

Les porteurs déposèrent le vieillard en face du comte; on fit silence à l'entour.

Alfred ne savait d'abord qui pouvait être cette infortunée créature, triste échantillon de toutes les infirmités humaines. Mais en reconnaissant Nicolas, il courut à lui et le serra doucement dans ses bras :

— Est-ce vous, mon vieil ami, mon respectable père, lui dit-il, vous qui m'avez appris le premier à faire le bien, vous à qui je dois mes premières inspirations de dévouement!... Je suis heureux de vous voir, mon bon Nicolas, quoique vous soyez cruellement affligé par la maladie...

— Les souffrances du corps ne sont rien auprès de celles de l'âme, répliqua le vieillard; ne me plaignez pas, bientôt mes peines seront finies... Mais, je n'ai pas voulu quitter la terre sans appeler les bénédictions du ciel sur le fils de mes anciens maîtres, sur le protecteur de ce pauvre pays!

— Je vous remercie, Nicolas; les bénédictions d'un juste comme vous portent bonheur... Si l'on a exécuté mes ordres, vous ne devez manquer de rien; cependant est-il quelque chose que je puisse faire encore pour vous?

— Non... non, répliqua lentement le vieillard épuisé par ces efforts extraordinaires, je n'ai plus besoin que du repos éternel... vous, mon protecteur, mon enfant, continuez de vivre pour le bonheur des autres... vous aurez votre récompense dans le ciel.

— Nicolas, murmura le jeune homme, c'est là seulement que je compte la trouver.

Mais déjà l'aveugle était retombé dans son atonie profonde; cette lueur passagère d'intelligence s'était dissipée; son visage avait perdu son animation, ses bras pendaient inertes à son côté. Alfred voulut encore lui adresser la parole:

— Vous n'obtiendrez plus rien de lui, dit le curé en secouant la tête avec tristesse, je suis même surpris que ce pauvre homme ait montré aujourd'hui tant de suite dans ses idées; il n'avait pas tant parlé depuis la mort du dernier de ses petits-fils... C'est un heureux présage, monsieur le comte, quand Dieu délie la langue des mourants pour leur faire prononcer des bénédictions!

Il ordonna aux paysans de rapporter le vieillard à sa chaumière.

Cet incident avait attristé la population de Précigny, en lui rappelant ses souffrances passées. Alfred reprit après une pause :

— J'ai refusé les honneurs que vous me destiniez, mes chers amis, néanmoins nous ne devons pas nous séparer si vite; j'espère que vous voudrez bien m'accompagner tous jusqu'à la manufacture. Monsieur Rigobert, je pense, a eu la bonté d'y faire préparer quelques rafraîchissements...

— J'ai prévu votre désir, monsieur de Précigny, dit Rigobert; vous trouverez là-bas tout ce qu'il faudra pour recevoir convenablement vos bons voisins.

— Eh bien! donc, mes amis, consentez à me suivre. S'il faut l'avouer, j'ai un projet au sujet duquel je suis impatient d'avoir votre avis... Partons donc ! et oublions, si c'est possible, qu'autrefois nous avons fait ensemble le même chemin dans des intentions moins pacifiques !

La population, d'abord un peu désappointée de l'inutilité de ses préparatifs de fête, avait accueilli avec enthousiasme la proposition du comte ; cette promenade lui promettait, en compensation de ce qu'elle perdait, du mouvement, du plaisir, des agitations nouvelles. Les habitants influents avaient dressé les oreilles à cette annonce d'un projet sur lequel Alfred désirait les consulter ; supposant qu'il s'agissait encore de quelque chose d'important pour la commune, ils n'eurent garde de refuser l'invitation. Toute cette foule bruyante et joyeuse s'ébranla donc et prit le chemin de la manufacture. Alfred s'avançait le premier, donnant le bras à Mathurin, qui n'avait pas encore songé à quitter son écharpe municipale; il avait aussi prié le curé de les accompagner dans la voiture, mais le bon prêtre, s'excusant sur les fatigues de la journée et sur ses infirmités, était rentré au presbytère.

On gagna la campagne, et bientôt Alfred s'arrêta pour examiner les changements opérés pendant son absence, dans le voisinage de la manufacture. Les restes de la chaussée avaient complètement disparu; elle était remplacée par une route droite et commode que de jeunes arbres couvraient de leur ombre naissante. Quant à l'étang, on n'en voyait plus nulle trace; à sa place s'étendait une vaste et verdoyante prairie dont les eaux vives du ruisseau entretenaient la constante fraîcheur. De magnifiques troupeaux de bœufs et de moutons paissaient paisiblement dans cet endroit d'où s'exhalaient autrefois des miasmes pestilentiels. Les bâtiments de la fabrique n'avaient subi aucune modification ; s'élevaient toujours d'un air dominateur, au milieu de ce vaste paysage, vides, abandonnés, déserts, mais debout et formulant encore comme une pensée d'espérance.

Malgré son courage, Alfred ne put voir ces lieux qui réveillaient en lui tant de poignants souvenirs, sans éprouver une émotion profonde. Sombre et rêveur, il se remit en marche ; il ne répondait pas à Mathurin qui cherchait à le sonder au sujet de la destination future de ces importantes constructions, il n'écoutait pas Rigobert qui lui expliquait ces dispositions nouvelles, dont il avait conçu le plan et qui provoquait les éloges dus à son activité et à son bon goût. Les campagnards, en voyant le front de leur ami se rembrunir, ses traits s'altérer, à mesure que l'on approchait, avaient cessé leurs rires et se disaient à voix basse : — Le pauvre garçon ! il pense à mademoiselle Thérèse, la vierge du pays... celle qui l'a rendu si bon !

La tristesse d'Alfred devint plus frappante encore lorsque l'on atteignit la manufacture. A la vue de ces vastes cours où croissaient maintenant des herbes parasites, et de ces bassins vides et desséchés, de ce pavillon habité jadis par la famille Laurent, il chancela, parut près de tomber en faiblesse. Un regard jeté vers la fenêtre de cette chambre où sa fiancée était morte, lui rendit son énergie :

— Grâce! grâce! Thérèse, murmura-t-il, je ne suis pas encore entièrement endurci contre la souffrance... Cette faiblesse sera la dernière!

Il releva la tête, sourit à ses hôtes et se mit en devoir de leur faire, avec une politesse affable, les honneurs de sa maison.

Rigobert avait envoyé un domestique en avant pour annoncer à la fabrique l'arrivée du maître et de sa nombreuse compagnie; aussi tout se trouva-t-il prêt pour les recevoir. La galerie où avait eu lieu le banquet donné par Laurent à ses ouvriers, était encore disposée comme le jour de la fête; on se souvient que dès le soir même de ce jour mémorable, l'épidémie avait éclaté à la manufacture ; l'on n'avait eu alors ni le loisir, ni la pensée de débarrasser la salle du festin des tables et des bancs qui l'encombraient. Depuis ce temps, l'exploitation ayant cessé, rien n'avait été changé dans l'arrangement intérieur de la maison. C'était donc là que des domestiques avaient servi une abondante quoique frugale collation. Du vin, des fruits, quelques viandes froides en faisaient tous les frais.

Les habitants de Précigny prirent place à ces mêmes tables où ceux qu'ils considéraient comme leurs ennemis avaient célébré leur trop court triomphe deux années auparavant. Cet étrange retour de fortune n'échappa pas à Alfred, et peut-être ne fut-il pas le seul à le remarquer. Cependant le repas fut oyeux et cordial ; moins brillant, moins imposant que le banquet industriel, il donnait mieux l'idée d'un bonheur simple, tranquille et durable.

Alfred avait pris place, avec Rigobert et le jeune ingénieur, à une table autour de laquelle se trouvaient Mathurin, Lapanse, Simon et les autres gros bonnets du pays trop fiers pour se mêler à la plèbe infime de la commune. Le comte s'était montré plein de grâce et d'attentions pour chacun de ses convives; sur la fin du repas, il réclame le silence, et dit sans emphase :

— J'avais un motif, mes braves gens, pour désirer vous voir réunis autour de me dès mon arrivée ici... J'ai confiance dans vo tre sagesse, et j'ai voulu vous consulter sur une question qui touche à vos intérêts... Je vous exposerai donc tout simplement le projet que je suis sur le point de réaliser, et si quelqu'un de vous voit des objections à mon plan, il sera libre de les exprimer hautement.

Les assistants prêtèrent l'oreille ; en ce moment on eût entendu une mouche voler dans la galerie.

— J'ai pensé, mes amis, reprit Alfred, qu'il serait fâcheux pour la commune, pour le département lui-même, de laisser ce bel et vaste édifice sans destination utile, n'est-ce pas aussi votre avis?

—Oui, oui, monsieur le comte, s'écrièrent plusieurs voix.

— Il n'y a pas à en douter, dit le maire avec empressement.

C'est ce que je me tue à répéter ! s'écria Simon.

Cette unanimité enhardit le comte.

— Ainsi donc, mes amis, continua-t-il, vous verriez avec plaisir la manufacture de Précigny remise en activité comme autrefois ?

— Mais qui la dirigerait ? il n'y a personne dans le pays...

— Qui la dirigerait ? répéta Précigny avec un sourire, ce serait moi !

— Vous ! monsieur le comte ? Vous le descendant des anciens seigneurs de Précigny....

— Une honorable industrie ne fait pas déroger... Je serai de mon siècle, et je servirai mon pays comme il veut désormais être servi !... Sachez donc, mes braves gens, que les deux années qui viennent de s'écouler, je les ai employées à étudier la fabrication des lainages; je suis allé me perfectionner en Angleterre dans cette importante étude, et aujourd'hui, je me crois en état de diriger les travaux de ce grand établissement.... Voici un jeune et savant praticien, continua-t-il en désignant l'ingénieur, qui voudra bien me prêter son concours pour l'établissement et la direction des machines.. Dans trois mois d'ici, cette usine sera plus florissante que jamais!

La joie et l'étonnement se manifestaient sur toutes les figures; cependant une crainte secrète arrêtait encore l'explosion de cette allégresse universelle :

— Eh bien! s'écria hardiment une femme, va-t-on aussi rétablir l'étang ?... nous faudra-t-il encore trembler pour l'existence de nos fils, de nos maris?

— L'étang de Précigny ne sera jamais rétabli, moi vivant, dit Alfred avec force; non, mes chers compatriotes, si je consens à rendre à sa destination première cette magnifique construction, ce n'est pas pour le malheur de vos familles, au contraire. Mon but est d'ouvrir des débouchés à vos denrées, une carrière à votre activité ; il n'y aura pas un malheureux dans le pays qui ne puisse trouver ici du travail et du pain, sans rien demander à l'aumône... l'aumône ravale et avilit !

— Mais, dit une voix, et si vous n'avez plus de chute d'eau, quel moyen emploierez-vous pour...

— Nous emploierons cette force terrible que le génie humain vient de découvrir et qui changera bientôt la face du monde, LA VAPEUR!

Des applaudissements, des vivats forcenés ébranlèrent la salle.

. . . .

. . . .

Quelques heures après, vers le soir, lorsque les habitants de Précigny se furent retirés et que la manufacture fut retombée dans son silence accoutumé, Alfred se glissa seul vers un épais bocage situé à l'extrémité du jardin. Il ouvrit une grille de fer, dont lui seul avait la clef, et il se trouva dans une enceinte solitaire et mélancolique. Là, sous un massif de cyprès, étaient deux tombes parallèles de marbre noir ; sur l'une d'elles se lisait, en lettres d'or, le nom de M. Laurent, sur l'autre celui de Thérèse ; au-dessous de ce dernier nom, on avait gravé ces tristes paroles que la jeune fille avait adressées au comte la nuit de leur entrevue chez Nicolas :

« Vous songerez à moi dans vos travaux,
« dans vos afflictions, dans vos espérances;
« vous invoquerez mon âme comme une
« divinité familière, toujours prête à vous
« assister ! vous vous réjouirez avec moi du
« bien que vous aurez fait, vous me pren-
« drez à témoin de vos douloureux sacri-
« fices. »

Alfred s'agenouilla devant la tombe de Thérèse, et, les yeux pleins de larmes, il relut cette inscription consolante.

— Amie, soupira-t-il, ai-je bien tenu toutes les obligations que votre père et vous, vous m'avez imposées? êtes-vous contente de celui que vous avez condamné à vivre ?

La brise murmura faiblement dans le sombre feuillage des cyprès.

Alfred de Précigny est aujourd'hui l'un des plus riches manufacturiers de France. Il ne quitte jamais sa fabrique; et chaque soir, quelles que soient ses occupations, il va rêver sur la tombe de Thérèse. Quand on lui parle de se marier, il répond :

— Je suis marié à une morte!

Et il soupire.

FIN DE L'ÉTANG DE PRÉCIGNY.

JUSTINE.

I

Rien n'est triste et sauvage comme les immenses solitudes dont le département des Landes a tiré son nom. Toute sa partie N.-O. n'est, sur une longueur de vingt-cinq lieues, qu'une plaine de sable blanc et aride recouverte par intervalles d'un tapis sombre de bruyères et d'ajoncs. Les eaux de pluie, ne pouvant s'écouler sur cette surface unie, forment çà et là des lacs solitaires qui changent de place à chaque saison nouvelle. Quelques rares forêts de liéges et de chênes interrompent seules à de grandes distances la monotonie de ces déserts. Sur les bords de l'Océan, il est vrai, le terrain s'élève et devient une longue chaîne de collines; mais ce terrain n'a pas changé de nature, c'est toujours du sable, mais ces collines sont des dunes de sable; et quand le vent de mer fond avec violence sur ces masses mobiles et sans consistance, il les déplace, les soulève tout entières et les répand dans l'intérieur du pays où elles vont frapper d'une stérilité éternelle les maigres campagnes épargnées par les précédents orages.

Cette contrée ingrate est habitée par une population misérable qui n'a, pour l'aimer, d'autre raison que celle d'y être née. Aucune route importante, aucune grande voie de communication ne traverse ces plaines incultes et n'apporte aux malheureux Landais les bienfaits de la civilisation qui les entoure de toutes parts. Ils ont encore la barbarie et l'ignorance des anciens Vascons, dont ils sont descendus ; ils ont la frugalité et la pauvreté des Arabes du désert, auxquels ils ressemblent sous tant de rapports ; les siècles n'ont pas marché pour eux.

Entre Escource et Mezos, à deux ou trois lieues environ de l'Océan, au centre des grandes landes, s'étend une de ces plaines dont nous avons cherché à donner une idée. Elle est bornée à l'ouest par les dunes qui ont recouvert presque entièrement Mimizan, et qui menacent d'engloutir encore les villages voisins. Mais de tous les autres côtés l'œil s'égare dans un lointain vaporeux, où la terre se confond avec le ciel. Nulle apparence de culture et d'habitation ; seulement quelques pignadas à la verdure foncée se détachent au milieu des sables. Il semble que les hommes n'aient pas osé s'établir au milieu de cette nature maudite où tout est morne, chétif et silencieux.

Or, il y a vingt ans environ, par une journée lourde et orageuse d'automne, un habitant indigène, monté sur des *canques* ou échasses de six pieds de haut, parcourait rapidement cette plaine nue et pelée, rayée çà et là de quelques lignes fauves qui indiquaient un chemin à travers les bruyères. Il était environ deux heures du soir ; le soleil était voilé de nuages épais et plombés, immobiles au zénith, et la chaleur, reflétée par les sables, devenait étouffante. Ce paysage, si triste d'ordinaire, était plus affreux encore aux approches d'un orage. Pas un être vivant ne se montrait dans toute l'étendue, excepté le paysan landais dont nous venons de parler ; pas un oiseau ne rasait de son aile la surface pourpre de la bruyère en fleur ou ne faisait entendre sa voix au milieu du silence mort de la plaine ; pas un brin d'herbe ne s'agitait au souffle du vent. Les cris plaintifs et monotones des cigales s'élevaient seuls dans l'atmosphère tiède et pesante où ils s'éteignaient bientôt sans écho. Tout monotones et tristes que furent ces cris, ils avaient je ne sais quelle rude harmonie qui rassurait le cœur; ils étaient la voix de ce désert immobile; sans eux le silence eût fait peur.

Le paysan voyageur, habitué sans doute dès l'enfance à de semblables tableaux, s'avançait vers un bouquet de pins rabougris qui s'élevaient seuls au milieu des landes. Il n'était pas difficile de reconnaître au costume caractéristique de cet homme un de ces pâtres qui sont comme les types de la race landaise. Il pouvait avoir trente ans, quoique sa figure hâve et maladive en accusât au moins quarante. Il était entièrement vêtu d'un justaucorps de peau de mouton noir dont la laine, enlevée en plusieurs endroits, attestait la vétusté; par-dessus ce justaucorps que les pâtres des Landes ne quittent jamais, il portait un manteau blanc de laine grossière et pourvu d'un capuchon qui se rabattait sur la tête et servait de coiffure. Ce manteau et ce capuchon, ornés de bandes et de houppettes de ruban rouge, achevaient de donner à ces vêtements un caractère étrange, tout à fait d'accord avec le site qui lui servait d'encadrement. Enfin il avait en bandoulière un de ces mauvais fusils de forme antique dont se servent les bergers pour défendre leurs troupeaux contre les loups qui infestent la contrée, et il tenait à la main un bâton de douze pieds dont il s'appuyait pour courir avec plus de rapidité.

De temps en temps il jetait un regard attentif sur le chemin qui s'étendait devant lui comme s'il allait voir paraître dans le lointain quelque voyageur. Mais comme rien ne se montrait, il continuait sa marche, faisant des pas de géant au moyen des trois longues perches qui le tenaient suspendu entre la terre et le ciel.

Bientôt il arriva au bouquet de pins, centre de ce cercle immense de sable. Ce lieu était l'une des stations des bouviers qui traversent la contrée avec leurs attelages. Au pied de ces arbres, hôtellerie improvisée des pauvres Landais, on apercevait des débris de poissons secs, de fruits et de pain de maïs, toutes choses qui font leur nourriture ordinaire; à l'entour les ajoncs étaient comme foulés et flétris par la halte fréquente des troupeaux. Parvenu à cet endroit, le pâtre jeta encore un coup d'œil sur le chemin qui se continuait jusqu'aux limites de l'horizon; ne voyant rien de ce qu'il paraissait attendre, il s'arrêta sous les pins, dont il atteignait presque les premières branches. Là il s'appuya les reins contre le tronc, puis déposant son bâton à sa portée, il tira de sa poche un bas de laine qu'il se mit à tricoter paisiblement en fredonnant en patois gascon un air mélancolique.

Depuis un quart d'heure environ il se livrait à cette occupation qui dans les autres pays est exclusivement réservée aux femmes, quand il aperçut de son poste élevé un point noir qui se montrait à une grande distance. Il interrompit son travail et resta immobile un moment ; le point noir qui semblait s'avancer rapidement devint plus apparent ; puis, à travers un nuage de poussière, le pâtre put distinguer un homme à cheval ; puis enfin il sembla reconnaître les traits et le costume du voyageur, et une expression de satisfaction se peignit sur son visage pâle. Il recommença à tricoter son bas, mais il jeta un coup d'œil sur son fusil comme pour s'assurer s'il était bien à sa place, et il attendit.

Le nouveau personnage qui s'avançait ainsi à travers la lande était un petit propriétaire foncier revenant de quelque marché du voisinage. Il devait avoir à peu près le même âge que le pâtre dont nous avons fait le portrait, mais il appartenait évidemment à une race différente. Son air était riant et éveillé, tandis que l'homme aux échasses avait dans les traits quelque chose de sombre et de misérable qui repoussait. Son vêtement consistait en une veste légère et un pantalon de serge bleue dont la coupe était beaucoup plus humaine que celle du justaucorps de peau de berger. On reconnaissait à l'expression d'intelligence de son visage, plus encore qu'à son béret bleu et à ses longs cheveux flottants, un de ces Basques alertes qui font un si frappant contraste avec leurs sauvages voisins, les *Bougès* des Landes. Il était monté sur un de ces petits chevaux nerveux et pleins de feu, particuliers au pays qui, comme les chameaux des déserts africains, semblent ne vivre que de fatigues.

Il allait bon train, et il était sur le point de dépasser les arbres, quand un mouvement de l'habitant des Landes lui fit lever la tête. Le voyageur s'arrêta brusquement, comme un homme surpris par une mauvaise rencontre. Cependant il se remit aussitôt, et, dissimulant avec habileté l'impression désagréable qu'il éprouvait, il dit familièrement au pâtre, qui continuait à tricoter son bas :

— Ah! c'est toi, Luc-Martin? Eh bien, que diable fais-tu là? Il paraît que tu n'as pas encore de condition?

— Non, maître Vincent, répondit Luc-Martin.

— Que veux-tu, mon cher? reprit le nouveau venu. J'ai été obligé de te renvoyer toi et les autres bergers que j'avais à mon service, je ne pouvais plus vous nourrir. L'année est mauvaise; les sables m'ont mangé trente arpents de terre; il n'y a plus de bonheur dans le pays que pour mon voisin Bordet. Si tu veux avoir un troupeau à garder, c'est à lui qu'il faut t'adresser. »

Et comme s'il ne se souciait pas d'avoir une plus longue conversation avec ce personnage suspect, il donna un coup de talon à sa monture. Il partait quand la voix de Luc-Martin se fit entendre :

— Maître ! » cria-t-il.

Le cavalier pressa plus vivement son cheval.

— Maître ! » répéta Luc-Martin d'une voix forte.

Vincent se retourna. En deux enjambées le pâtre l'avait atteint, et le fusil avait remplacé dans ses mains le bas pacifique qu'il tenait un instant auparavant.

— Eh bien, que demandes-tu ? fit-il en s'arrêtant et en dissimulant son effroi. Dépêche-toi, car je veux rentrer chez moi avant l'orage.

— Maître, dit Luc-Martin d'un ton sombre, je veux un troupeau.

— Mais je n'en ai plus, mon pauvre garçon, répondit Vincent avec une douceur commandée par les circonstances.

— Je veux un troupeau! répéta le berger; et puis, j'ai faim; il faut que les riches donnent à manger aux pauvres, monsieur Vincent.

Le colon jeta un regard rapide autour de lui; aucune créature vivante ne pouvait venir à son secours. Il s'exécuta de bonne grâce.

— Quoi! vraiment, mon ami, dit-il avec une pitié affectée, tu as faim! Je suis sûr que tu n'as pas mangé depuis deux jours que tu as quitté mon service! Je ne suis pas riche, Luc-Martin, tu le sais; chaque année les dunes gagnent sur mes terres; le dernier orage m'a presque ruiné, et celui qui se prépare achèvera peut-être de me réduire à la mendicité. Cependant à la Bouheire, où je viens de vendre un peu de résine, j'ai pris quelques provisions pour la journée, et certainement j'aime mieux me priver de mon repas de midi que de laisser souffrir un honnête garçon tel que toi. »

En disant ces mots il tira d'une sacoche de cuir attachée à l'arçon de sa selle un morceau de pain et quelques fruits, qu'il présenta à Luc-Martin avec un air de bonne volonté parfaitement joué. Luc-Martin se jeta sur le pain et se mit à manger avec une avidité qui prouvait qu'on n'avait pas mal présumé de la longueur de son jeûne. Cependant, malgré sa voracité, cet étrange mendiant ne perdait pas de vue son ancien maître, qui s'agitait sous l'influence magnétique de ce regard, sans oser prendre la fuite, ce dont peut-être il avait secrètement grande envie. Au bout d'un moment il s'aperçut que Luc-Martin, après avoir fait disparaître rapidement toutes les provisions, jetait encore sur lui et sur son équipage des regards inquiets comme s'il se préparait à devenir plus exigeant.

— Mais parbleu, mon pauvre garçon, tu as soif peut-être! s'écria Vincent avec le même air affable et empressé; sur mon âme! tu vas boire un coup à ma santé!

Et il prit dans l'autre sacoche une gourde qu'il lui présenta. A cette vue, les yeux de Luc-Martin s'animèrent; il saisit la gourde et il murmura avec l'expression d'une joie farouche en la portant à sa bouche :

— Du vin! du vin! »

Nous ne dirons pas combien de temps le

vase resta suspendu aux lèvres altérées du pâtre, qui, comme tous ses compatriotes, avait pour le vin une passion qu'il pouvait bien rarement satisfaire. Seulement quand il tendit la gourde à Vincent, celui-ci s'aperçut qu'elle était à peu près vide. Cependant il dissimula encore son mécontentement en pensant qu'après tout il serait fort heureux d'être quitte, au prix de sa provision de vin, de cette mauvaise rencontre.

— Et maintenant, mon bon Luc-Martin, dit-il amicalement et comme s'il se préparait à partir, il faut que j'aille bon train pour que je puisse arriver chez moi à D... avant l'orage. Si tu m'en crois, tu chercheras toi-même un gîte; car, ou je ne m'y connais pas, ou le vent d'ouest fera encore des siennes cette nuit dans les dunes. Allons, au revoir, mon ami, et ne m'oublie pas dans tes prières. »

Mais Vincent avait compté sans son hôte; avant qu'il eût pressé le flanc de son cheval pour le faire partir, Luc-Martin s'était dressé sur ses hautes échasses et s'était approché de lui en lui disant avec plus de résolution encore qu'avant le repas :

— Un gîte, maître! et où voulez-vous que je trouve un gîte? Voilà deux nuits que j'ai couché dans la lande, sans abri et sans nourriture! Ma faim est apaisée pour aujourd'hui, c'est vrai; mais demain la faim reviendra, et je n'aurai ni travail, ni gîte, ni pain. Maître, donnez-moi un troupeau. »

Ce long discours, dans lequel Vincent reconnaissait l'effet tonique de son vin, jeta le pauvre colon dans une véritable angoisse :

— Mais, malheureux, s'écria-t-il en s'agitant sur son cheval, tu sais bien que je n'ai plus de troupeau à confier à garder, ni à toi ni à d'autres. Tu sais bien qu'il me reste à peine de quoi vivre à moi et à ma vieille mère dans le petit morceau de terre que les sables m'ont laissé à D...

— Vous avez encore des granges et des étables, dit Luc-Martin en baissant les yeux, et vous savez comment nous nous vengeons d'un maître trop dur. »

Cette fois, Vincent ne put contenir sa terreur :

—Tu ne feras pas cela, mon bon Luc-Martin. Tu ne voudras pas mettre le feu aux misérables bâtiments qui sont aujourd'hui presque ma seule fortune. N'oublie pas que je t'ai nourri pendant trois ans et que j'ai toujours été bon maître pour toi... Et tiens, ajouta-t-il d'un ton de cordialité trop humble pour être sincère, je m'intéresse à toi, mon digne garçon, beaucoup plus que tu ne penses, et si tu veux m'accompagner un bout de chemin je te donnerai quelques bons conseils dont tu me remercieras. »

Le pâtre hésita et jeta sur Vincent un regard de défiance. Cependant il parut enfin se décider ; il rajusta son fusil sur ses épaules, prit la longue perche qui lui servait d'appui, et, rejetant en arrière le capuchon de laine qui couvrait ses cheveux plats et lisses, il se mit à suivre le cheval, qui marchait au pas.

Ils cheminèrent un moment dans la bruyère sans échanger une parole ; le même silence et la même immobilité qu'auparavant régnaient dans la plaine. Les chants des cigales eux-mêmes avaient cessé, étouffés par la chaleur. Le bruit des pas du cheval s'amortissait dans le sable mobile où on enfonçait jusqu'à mi-jambe; pendant la halte des deux voyageurs, le tableau s'était rembruni encore.

— Vois-tu, mon cher Luc-Martin, reprit bientôt le colon, qui sentait la nécessité de ne pas laisser trop longtemps son compagnon livré à ses méditations, il n'y a plus aujourd'hui dans la commune que deux propriétaires qui puissent te donner à garder un troupeau; tous les autres sont ruinés par les sables et les eaux. L'un des deux est le vieux Melloc, le propriétaire de la Grande-Ferme, un homme riche, Luc-Martin, et qui a bien des milliers d'arpents de terre dans le voisinage. Il fait valoir ses propriétés à l'ancienne manière des Landes, lui, et il n'a pas, comme cet étranger de Bordet, la rage des innovations. Il lui faut des pâtres pour conduire ses nombreux troupeaux dans la bruyère, et si tu t'adressais à lui...

— Il m'a refusé, dit Luc-Martin d'un ton sombre ; il m'a accusé de tondre les brebis pour leur enlever la laine dont je fais des bas, et de tuer quelquefois une de ces brebis pour la manger.

— Ceci est un mensonge, mon garçon, s'écria Vincent, qui, tout en flattant le berger et en occupant son attention, espérait gagner du temps et du terrain ; ceci est un mensonge insigne, je puis l'affirmer. Tant que tu as été à mon service, il m'a bien manqué quelques brebis, mais on sait que les loups sont très-fréquents dans nos Landes, et qu'il n'est pas toujours possible de les écarter ou de les tuer quand la faim les rend enragés ; et pour ce qui est de la laine, les brebis en laissent assez d'attachée aux bruyères pour que tu puisses en prendre à l'aise, sans tondre les toisons. Melloc a été trompé, vois-tu, et je suis certain que c'est son étourneau de fils, Daniel Melloc, qui lui aura tenu de tels propos sur ton compte. »

Luc-Martin ne répondait rien, le rusé paysan continua :

— Puisque le vieux Melloc t'a refusé un troupeau, mon ami, il n'y a donc que ce richard de Bordet qui puisse te prendre à son service. Justement je viens d'apprendre aujourd'hui à la Bouheire qu'il avait gagné le grand procès qu'il soutient depuis dix ans à Mont-de-Marsan, contre la commune de D... tout entière. Tu sais quelle était la cause de ce procès. Bordet, un étranger, un petit laboureur des environs de Libourne, vint, il y a vingt ans environ, s'établir dans nos dunes; il acheta pour quelques milliers d'écus un morceau de terre dans lequel, disait-il, était compris l'étang des Sabres, qui touchait notre village, là-bas derrière les dunes. Tout le monde trouvait dans le pays qu'on l'avait trompé et qu'on lui avait vendu deux fois sa valeur un terrain destiné à être envahi tôt ou tard par le sable ou par les eaux de l'étang. Mais qu'a fait Bordet? Il s'est avisé de fixer les dunes au moyen de plantations de pins qui lui donnent chaque année une excellente récolte de résine; puis il a imaginé de dessécher l'étang au moyen de petits canaux qui ont conduit les eaux dans le lac de Saint-Julien ; il a fini ainsi par se trouver propriétaire d'un terrain vaste et fertile où il récolte du blé, du maïs, des fruits, tout ce que produit la terre. Il est aujourd'hui l'homme le plus riche du pays. Alors le conseil municipal de la commune est revenu sur le marché ; on a contesté à Bordet la propriété de l'emplacement de l'étang, c'est-à-dire de tout le meilleur terrain, au milieu duquel il a fait bâtir, depuis, une belle ferme, et c'est ce procès que Bordet vient de gagner contre nous. On va être à D... dans la désolation de voir un étranger seul maître de la plus belle partie de la commune, tandis que les propriétés voisines sont ravagées annuellement par les orages. Et il est honteux qu'un homme qui ne connaît pas les anciennes *coustumes* de la culture du pays soit préservé seul des fléaux qui ravagent les terres des autres... Eh bien, Luc-Martin, as-tu été demander un troupeau au vieux Bordet?

— C'est un sorcier! répondit le pâtre en se signant avec un effroi véritable.

— Un sorcier! répéta Vincent, qui avait ses raisons pour fixer le plus longtemps possible l'attention de son interlocuteur sur tout autre que sur lui; tu as raison, Luc-Martin, la prospérité extraordinaire de cet homme tient du sortilége; car je te le demande, comment des pins semés sur une dune empêcheraient-ils le vent d'ouest d'éparpiller le sable sur les alentours, comme nous le voyons à chaque instant, s'il n'y avait pas là quelque cause surnaturelle? Comment les champs de Bordet seraient-ils si féconds et à l'abri des fléaux qui frappent les champs voisins? Comment lui-même, qui n'avait rien dans l'origine, aurait-il pu acquérir et conserver une si grande fortune? A la vérité, Bordet est, dit-on, un homme réfléchi, feuilletant sans cesse des livres et travaillant nuit et jour pour réaliser un projet qu'il a conçu; mais je suis de ton avis, mon garçon, il n'aurait pu faire ce qu'il a fait s'il n'avait appelé à son secours l'esprit malin, et pour ma part je ne voudrais avoir rien de commun avec un homme qui... »

Dans la rapidité de son bavardage méridional, le jaloux colon ne s'était pas attendu à la question que lui adressa Luc-Martin :

— Maître, dit celui-ci en attachant sur Vincent un regard soupçonneux, je croyais pourtant que vous aviez fait la cour à sa fille, mademoiselle Justine, qui a été élevée dans un pensionnat à Mont-de-Marsan, comme une grande dame...

— Oui, oui, répondit le colon, un peu embarrassé, un moment j'en ai été amoureux...

— Amoureux *à la noix,* » dit le berger avec ironie, en se servant de cette expression locale qui signifie un amour repoussé.

Cette parole injurieuse adressée à Vincent par son ancien valet, et qui, dans tout autre moment, eût excité sa colère, ne fit qu'appeler un sourire sur ses lèvres.

— Amoureux *à la noix,* si tu veux, reprit-il tranquillement; mais si j'ai été repoussé, je n'en suis pas fâché, car pour avoir un tel beau-père... D'ailleurs c'est le jeune lieutenant Daniel Melloc, le fils du vieux Melloc de la Grande-Ferme, qui a pris ma place près de mademoiselle Justine, et Dieu sait où en est cette liaison, quoique le père Bordet et le père Melloc se détestent de toute leur âme. »

Le berger s'aperçut sans doute alors du piége que lui tendait son ancien maître pour tromper son attention. Il fit deux ou trois grandes enjambées avec ses échasses, se plaça devant le cheval, qui s'arrêta court et dit avec son ton sournois et menaçant :

— Qu'est-ce que cela me fait à moi ? je veux un troupeau. »

Le colon, tremblant, jeta un long et douloureux regard autour de lui avant de répondre. Le soleil était sur le point de se coucher derrière de grands nuages noirs ; les approches de la nuit étendaient sur la lande une sorte de vapeur tiède et épaisse qui empêchait de reconnaître les objets à quelque distance. Cependant l'œil perçant du colon eut bien vite distingué dans le lointain une espèce de carriole qui s'avançait vers eux; elle se trouvait déjà proche du bouquet de pins qu'ils venaient de quitter. Cette vue lui rendit le courage; et il osa regarder en face le terrible Luc-Martin, qui lui barrait le passage.

— Ce que cela te fait, Luc-Martin? reprit-il; cela te fait que M. Bordet est le seul propriétaire du pays qui puisse te confier un troupeau. Il faut donc t'adresser à lui; s'il te refuse, ce sera mauvaise volonté de sa part et tu pourras avec raison te venger de lui comme tu l'entendras. »

Luc-Martin resta un moment pensif, traçant quelques sillons dans le sable avec l'extrémité d'une de ses canques. Enfin il dit d'un air méditatif :

— Eh bien, j'irai trouver M. Bordet. »

Une expression de joie se peignit sur le visage de Vincent, qui voyait le danger s'éloigner.

— Pardieu, dit-il en jetant un nouveau regard sur la carriole, si tu veux lui parler, le voici justement avec sa fille. Ils reviennent tout joyeux de la Bouheire, où ils ont appris sans doute l'heureuse issue de leur procès. Je te laisse avec le vieux sorcier ; nous ne sommes pas bien ensemble depuis qu'il m'a refusé pour gendre.

— Il me faut un troupeau ! » répéta le

berger en branlant la tête avec un air de menace.

Vincent était trop pressé de fuir la terrible compagnie de l'habitant des Landes pour ne pas profiter de la permission qui lui était donnée de regagner son village au plus vite.

— Allons! allons! tout ira bien, Luc-Martin! dit-il avec un dernier effort de politesse; reviens me voir quand tu seras placé. Adieu!

— Dieu vous garde, maître! » répondit le pâtre.

Vincent partit au galop, enchanté d'être parvenu à rejeter sur un autre le danger qui le menaçait lui-même. Il disparut bientôt derrière une des pignadas qui bordaient l'horizon du côté du village.

Après l'avoir suivi un moment des yeux

avec une expression singulière de regret, Luc-Martin se retourna du côté opposé, où se montrait déjà distinctement la voiture de M. Bordet. Cependant, comme elle était encore assez éloignée, il s'arrêta, ficha dans la terre sa longue perche, et, reprenant son bas, il occupa ce moment d'attente à tricoter. Quand la voiture fut à quelques pas de lui, il fit un signe de croix et se posa fièrement au milieu du chemin.

II

Le vieux Bordet était un de ces hommes industrieux et opiniâtres pour lesquels il ne semble pas exister de difficultés. Il avait servi sous Napoléon, et, au milieu des fatigues continuelles de sa vie de soldat, il avait trouvé moyen d'étudier les différents modes de culture en usage dans les pays où le jetaient les hasards de la guerre. Aussi lorsqu'en quittant les armées, il vint s'établir aux environs de D... et qu'il acheta pour une somme modique, qui formait alors toute sa fortune, l'étang des Sabres et ses dépendances, avait-il déjà des connaissances étendues qui devaient lui faire trouver des mines d'or dans ces sables vierges frappés en apparence d'une invincible stérilité.

Nous connaissons déjà par les récits malveillants de Vincent comment le hardi novateur s'y était pris pour réaliser ses projets. La fixation des dunes par des semis de pins, le desséchement de l'étang au moyen de canaux faciles à creuser, la fertilisation de la terre par la variation annuelle des produits :

telles étaient les sources de ses richesses. Ce que l'on a deviné sans doute aussi, ce sont les moqueries d'abord, puis les jalousies, les rivalités, les haines, qu'avaient fait naître de semblables prodiges. Dans les Landes, plus que partout ailleurs, la routine, la *coustume*, comme disent les indigènes, règne sans partage; il serait impossible de faire pratiquer au paysan landais une amélioration inconnue de ses pères; il se soulève contre tout ce qui tend à changer l'ordre établi autour de lui depuis des siècles. Bordet, sans s'inquiéter des opinions et des criailleries des ignorants et des envieux, passait dans sa belle habitation des Sabres une vie tranquille et heureuse, partagée entre les soins qu'il donnait continuellement à l'amélioration de ses biens, et son affection pour sa fille Justine, la fleur du pays, l'unique enfant qui lui fût resté de sa défunte femme. Tout lui réussissait, et le gain du grand procès qui venait de se juger à Mont-de-Marsan semblait mettre le comble à sa prospérité.

Cependant, depuis peu de jours, quelques nuages altéraient cette félicité si pure. Justine, revenue du pensionnat où Bordet, qui prévoyait l'avenir, lui avait fait donner une éducation digne de sa fortune, avait paru d'abord se plaire dans la paisible retraite qu'elle partageait avec son père. Puis tout à coup, sans qu'on pût en deviner la cause, elle était devenue triste et rêveuse; plusieurs fois Bordet l'avait surprise tout en larmes, bien qu'aucun événement n'eût paru motiver cette tristesse. Sa tendresse s'alarma; il questionna affectueusement Justine; elle ne fit que des réponses évasives. Craignant que le séjour des Sabres ne fût contraire à cette jeune fille habituée aux plaisirs et aux distractions de la ville, il lui proposa de la faire voyager pour quelque temps ; mais Justine montra tant d'effroi de le quitter et le supplia si instamment de renoncer à son projet que le bon agriculteur, qui ne comprenait rien à ces sentiments mystérieux, dut céder à ses prières.

On eût pourtant deviné quelque chose des secrets de mademoiselle Justine, si on eût écouté les propos qui se tenaient le soir dans les chaumières voisines de la ferme. Ainsi on faisait remarquer que la tristesse de la jeune fille datait du jour où le lieutenant Daniel Melloc était venu passer un congé de semestre à D... On disait que les jeunes gens s'aimaient et qu'ils s'étaient déjà vus à Mont-de-Marsan, mais que le vieux Bordet et le père Melloc étant brouillés mortellement, leurs enfants étaient obligés de cacher leur affection mutuelle. Melloc, en effet, était un ancien propriétaire du pays, un apôtre fervent de la routine et des préjugés locaux; il avait été un des plus rudes et des plus mal-intentionnés adversaires de Bordet dans l'affaire du procès de la commune; et Bordet n'ignorait pas le mauvais vouloir de son voisin, et lui avait cordialement rendu sa haine. Cependant on prétendait avoir vu le jeune et beau lieutenant se glisser quelquefois le soir vers le jardin des Sabres, où une ombre blanche qu'on assurait être mademoiselle Justine semblait toujours l'attendre... Enfin les mauvaises langues allaient bien loin pour expliquer la tristesse de la pauvre fille!

Quoi qu'il en soit de ces malins propos, revenons au moment où les voyageurs traversaient la lande dans une carriole d'osier pour regagner leur habitation.

L'agriculteur pouvait avoir alors soixante ans; c'était un homme de moyenne taille, aux cheveux gris, au teint brûlé par le soleil; ses yeux vifs et perçants exprimaient une intelligence rapide et pénétrante. Une ride profonde traversait son front d'un angle à l'autre, signe de réflexion et de prudence. Il était vêtu à la manière des petits bourgeois de campagne, assez indifférents sur la coupe plus ou moins gracieuse de leurs vêtements. La propreté, plus que la finesse du tissu, attestait dans ses habits une aisance rustique, et cette insouciance de la forme contrastait avec la mise simple et élégante de sa fille. Mademoiselle Justine comptait à peine dix-huit ans; ses traits doux et mélancoliques avaient un caractère de distinction augmenté encore par la pâleur maladive, qui les couvrait depuis quelque temps. Une robe légère, d'une mode récente, une écharpe rose, un petit bonnet de dentelle garni d'un voile de tulle blanc pour se garantir de la poussière, composaient sa parure. Elle était charmante ainsi, et son père, tout en dirigeant le cheval qui traînait la voiture, ne pouvait s'empêcher de la regarder de temps en temps avec complaisance.

Quant à Justine, la tête appuyée contre une paroi de la voiture et le visage couvert de son voile, elle était plongée dans ses réflexions, indifférente aux accidents de la route.

Comme les roues s'enfonçaient presque d'un pied dans le sable, les mouvements du véhicule étaient si doux qu'ils ne pouvaient la tirer de sa méditation. Tout à coup elle poussa un cri d'effroi et se rejeta vivement en arrière. Luc-Martin, monté sur ses hautes échasses, venait de surgir au milieu du chemin.

A la vue de cet étrange personnage au costume barbare, et dont la lourde silhouette se dessinait en noir sur l'horizon éclairé par les derniers rayons du soleil, l'agriculteur saisit les rênes, et s'écria avec brusquerie :

—Eh bien, manant, butor, que fais-tu là au milieu du chemin ? Manque-t-il de place pour te reposer, sans que tu viennes planter tes échalas sur la voie publique ? Allons, livre-nous passage, ou sinon...»

Il leva son fouet, mais l'habitant des Landes, dont nous connaissons les idées superstitieuses, se contenta de faire plusieurs signes de croix, sans bouger de place.

—Eh bien, que me veux-tu ? reprit Bordet, de plus en plus exaspéré par le silence du berger.

— Calmez-vous, mon père, soupira Justine déjà revenue de sa première frayeur ; c'est un malheureux qui vous demande l'aumône. »

Et elle tendit quelques pièces de monnaie à Luc-Martin, qui les accepta sans remercier et avec une sorte de défiance.

— Ce n'est pas cela, dit-il enfin. Je suis berger, ajouta-t-il avec une politesse grossière, en se tournant vers le propriétaire ; vous, vous êtes un riche, un *monsieur*, un *chapeau;* vous avez des troupeaux : donnez-moi un troupeau à garder.

— Un troupeau à toi! s'écria Bordet d'un ton légèrement railleur ; est-ce que j'ai besoin, moi, que les gardiens de mes troupeaux, dans mes prairies artificielles bien encloses de haies et de murailles, s'affublent de tout cet attirail farouche dont te voilà chargé? On garde mes troupeaux assis à l'ombre d'un chêne, sans avoir besoin de canques ni de fusil ; et je sais que vous autres bergers errants, vous ne pouvez guère vous accommoder de cette vie tranquille et sédentaire... D'ailleurs, ajouta-t-il en regardant Luc-Martin avec sévérité, tu n'as pas une excellente réputation dans le voisinage, et je ne me soucierais pas de confier la garde de mes magnifiques mérinos à un homme capable de tondre les toisons pour voler la laine ou de tuer les bêtes pour les manger ! »

En entendant Bordet lui répéter les reproches qu'on lui adressait généralement et qui sont les plus humiliants qu'on puisse faire à un berger, une rougeur sinistre parut sur les traits livides de Luc-Martin.

— Ainsi donc, reprit-il, vous ne voulez pas me donner de troupeau ?

— Va-t'en à tous les diables, dit Bordet avec colère, et laisse le passage libre, ou je vais sauter à bas de ma carriole, et nous verrons qui sera le plus fort ! »

Luc-Martin sembla hésiter quelques secondes sur le parti qu'il avait à prendre. Il jeta un regard fauve sur son adversaire et pressa convulsivement la crosse vermoulue de son vieux fusil. Puis ramenant les plis de son manteau sur son visage :

— On dit que vous êtes sorcier, grommela-t-il ; nous verrons bien ! Vous méprisez les pauvres Rouges, qui couchent dans la lande et n'ont que des vêtements de peau ; les Rouges se vengeront. Allez, monsieur le sorcier, allez bien vite à votre belle maison des Sabres avant que l'orage éclate. Moi, j'y serai peut-être avant vous et avant l'orage. »

En même temps il se jeta de côté et se mit à courir à travers les bruyères dans la direction du village, pendant que la voiture reprenait le chemin frayé, qui était beaucoup plus long. Bordet et sa fille le regardèrent un moment franchir les ajoncs avec ses longues perches, semblable à une sauterelle gigantesque. Quand il eut disparu au milieu de la vapeur tiède qui inondait l'atmosphère aux approches de la nuit, le colon se mit à fouetter son cheval avec une sorte de précipitation inquiète, et il dit à sa fille, qui était déjà retombée dans ses rêveries :

— Je me défie de cet homme ; je suis sûr qu'il a quelque mauvais dessein.

Justine le regarda comme si elle ne comprenait pas ses paroles.

— On ne m'aime pas ici, ma pauvre enfant, continua-t-il en suivant le cours de ses réflexions ; ces gens-là ne me pardonnent pas d'avoir trouvé dans ce pays misérable des ressources qui leur étaient inconnues ! Quand on saura le résultat du procès que je soutenais contre la commune, ce sera un bruit terrible. Ils vont s'ameuter contre moi comme des loups enragés! Ce mauvais finassier de Vincent, furieux que je ne lui aie pas accordé ta main avec toutes mes propriétés pour dot, les excite secrètement et alimente la haine contre moi. Quant à ce vieux têtu de Melloc... »

A ce nom, la jeune fille tressaillit.

— Que dites-vous de M. Daniel Melloc, mon père? demanda-t-elle avec un accent d'intérêt; il m'a semblé...

— Je ne te parle pas du lieutenant Melloc, ma fille, dit le vieillard sans faire attention au mouvement de Justine, mais de son père le vieux Melloc de la Grande-Ferme, et je disais que nous n'avons pas d'ennemi plus dangereux que celui-là. Il a suscité contre nous tous les procès, toutes les contestations, tous les obstacles qui ont rendu ma vie si pénible et si tourmentée dans les Landes ; il ne me pardonnera pas ma nouvelle victoire, celui-là ; mais je te jure que s'il a de mauvaises intentions à mon égard, je n'en ai pas de bonnes pour lui.

— Mon père, reprit Justine en s'animant, n'avez-vous donc pu être trompé sur le compte de M. Melloc ? Ne l'a-t-on pas calomnié près de vous ? N'êtes-vous pas bien sévère ?...

— On ne m'en a certes pas dit autant que j'en devine, répliqua Bordet en hochant la tête. Mais laissons cela, mon enfant, ajouta-t-il aussitôt; tu cherches toujours à adoucir les haines, toi, et tu crois tous les cœurs aussi bons que le tien ! »

Un silence pénible suivit ces paroles. Justine était retombée dans son morne accablement, et Bordet, de son côté, semblait en proie aux plus sinistres réflexions.

Une demi-heure environ s'écoula ainsi ; la voiture avait traversé la lande et allait entrer dans les dunes, derrière lesquelles les voyageurs devaient trouver le village de D., et plus loin la propriété des Sabres. A mesure qu'ils avançaient, la tempête devenait de plus en plus imminente. Les nuages étaient plus sombres encore depuis que le soleil était descendu sous l'horizon ; d'éblouissants éclairs en sillonnaient par moments les profondeurs. Un murmure sourd et majestueux, qui ne semblait venir ni de la terre ni du ciel, se prolongeait dans l'étendue. L'extrémité des bruyères frissonnait comme de froid, et dans les dunes on voyait par moments de petits tourbillons de sable s'élever çà et là sans qu'on sentît le souffle qui les avait mis en mouvement.

Bordet, épouvanté par ces signes funestes, pressait toujours le pas de son cheval, quand, aux dernières lueurs d'un jour oblique et blafard, il aperçut un homme immobile sur le bord du chemin et qui semblait aussi attendre quelqu'un dans ce lieu solitaire. Cet étranger était vêtu d'un élégant costume de chasse qui faisait ressortir la noblesse de sa taille ; un bonnet de police, galonné d'argent, laissait deviner un militaire en congé. Une carnassière remplie de gibier chargeait ses épaules, et il s'appuyait sur son fusil en regardant avec intérêt les progrès des voyageurs qui s'avançaient vers lui. A ses pieds dormait un grand limier blanc à collier de cuivre, épuisé sans doute par les fatigues de la journée.

La vue de ce personnage bien connu produisit sur le vieux Bordet une impression pénible. Le chasseur, quand la voiture ne fut plus qu'à quelques pas de lui, s'approcha avec précipitation et demanda, comme si l'obscurité l'empêchait de reconnaître les personnes auxquelles il s'adressait :

— N'est-ce pas à notre bon voisin M. Bordet et à sa charmante fille que j'ai l'honneur de parler ? »

Au son de cette voix, Justine poussa un léger cri.

Le vieillard les regarda l'un et l'autre d'un air ébahi. Justine s'était rejetée dans le fond de la voiture, pour cacher son émotion.

Le jeune homme baissait la tête avec une sorte de confusion.

— C'est moi-même, monsieur, répondit Bordet d'un ton d'humeur. Mais que me voulez-vous? Que peut-il y avoir de commun entre moi et le fils de M. Melloc, qui m'a fait tant de mal? »

Daniel Melloc resta un moment sans répondre, les yeux fixés sur Justine, comme pour échanger avec elle quelque mystérieuse pensée :

— J'espérais, monsieur, dit-il enfin, que vous ne feriez pas retomber sur le fils l'inimitié que vous avez contre le père, et je vois avec douleur que je me suis trompé. Cependant, je ne suis venu ici que pour vous donner un avis de la dernière importance...

— Eh bien, quel est cet avis? reprit Bordet un peu radouci.

— Ne passez pas par D... pour rentrer chez vous. La nouvelle du gain de votre procès est déjà arrivée au village et a produit une grande exaspération contre vous. Tous les habitants sont assemblés, et je crains...

— Vous pouvez avoir raison, monsieur, dit le vieillard avec agitation ; je vous remercie du conseil, et nous allons en profiter en prenant un détour pour retourner aux Sabres. Mais vous-même, comment avez-vous pu savoir...?

— Je revenais de la chasse, lorsqu'en traversant la grande place de D...., j'ai vu un rassemblement de paysans et de bergers auxquels Vincent, votre ennemi, parlait avec chaleur. Je suis parvenu à les calmer un peu ; mais comme je savais que vous étiez allé aujourd'hui à la foire des résines de la Bouheire et que vous deviez ce soir traverser le village, j'ai voulu vous prévenir du danger de vous montrer dans un semblable moment.

— Je vous remercie pour moi et pour ma fille, dit Bordet avec une politesse froide. C'est un service que vous me rendez et dont je vous suis reconnaissant, soyez-en sûr. Maintenant, jeune homme, pour vous prouver combien je sais apprécier votre bonne volonté, je vous conseillerai en ami de retourner chez vous et de nous laisser seuls regagner notre demeure... Nous approchons du village, et si l'on vous voyait en notre compagnie, M. votre père peut-être ne vous saurait pas gré du service que vous nous avez rendu.

— Vous me permettrez pourtant de vous accompagner jusque chez vous, dit le chasseur en jetant son fusil sur l'épaule et en se préparant à suivre la voiture; les chemins ne sont pas sûrs, et quand ce ne serait que pour rassurer un peu cette charmante demoiselle...

— Comme vous voudrez, interrompit Bordet en fouettant son cheval ; la voie publique vous appartient comme à nous, et vous êtes maître de la parcourir à votre aise.

— Mon père, murmura timidement la jeune fille à l'oreille du vieil agriculteur, songez que M. Daniel a tout quitté pour venir nous mettre en garde contre des dangers...

— Que son père a peut-être préparés lui-même ! » ajouta Bordet d'un ton sombre.

Le jeune Melloc marchait à côté de la voiture, jetant de temps en temps un regard à la dérobée sur Justine, qui semblait très-émue. Le bruit du tonnerre s'était rapproché et déjà quelques gouttes de pluie larges et rares commençaient à tomber. Bientôt on arriva à l'un de ces petits vallons appelés *Lètes* dans le pays et qui s'élèvent entre les dunes. Le village de D... en occupait le centre. Les voyageurs gagnèrent à gauche pour l'éviter et bientôt ils entrèrent dans une région verte et bien cultivée, magnifique oasis au milieu de cette mer de sable.

La vue de ses champs, de ses prairies, de ses vignes sembla ranimer le bon propriétaire. Il se pencha vers le jeune Melloc, qui marchait toujours à côté de la voiture, et il lui dit d'un ton pour cette fois cordial et franc :

— Ainsi donc, monsieur, la commune est décidément soulevée contre moi, parce que la justice a trouvé bon que cette terre arrachée aux eaux et fécondée par mon travail n'appartînt pas à une population qui n'avait jamais pu ni voulu en tirer parti. Mais croyez-vous que l'exaspération en soit venue à ce point...?

— Elle en est venue à un tel point, répliqua Daniel tristement, qu'elle me fait craindre les plus grands excès contre vos biens et votre personne... »

Bordet réfléchit un moment.

— Ils n'oseraient, reprit-il enfin. Je connais les gens de ce pays; ils sont violents, mais timides, soumis à l'autorité légale et tremblants devant elle.

— Oui, mais ils sont ignorants, fanatiques

et superstitieux, » répliqua le jeune militaire en hochant la tête.

La petite caravane venait de tourner une dune au pied de laquelle s'étendaient les bâtiments et la ferme des Sabres. Tout à coup le reflet sinistre d'un incendie vint frapper leurs regards. Des flammes gigantesques éclairaient la campagne. Les voyageurs s'arrêtèrent frappés de terreur.

— Les misérables ! s'écria Bordet avec un indicible désespoir en s'élançant de la voiture ; ne pouvant se venger autrement, ils ont mis le feu à mes granges et à ma maison. »

Il saisit ses pistolets et voulut s'élancer vers la ferme, mais le jeune Melloc le retint.

— Y pensez-vous, monsieur? ils sont

encore là, ils vous attendent peut-être, vous seriez perdu.

— Daniel! Daniel! s'écria la jeune fille à son tour, retenez-le bien ; ils le tueraient ! »

Et elle s'évanouit.

Bordet luttait toujours contre le jeune Melloc qui voulait l'empêcher de courir vers le théâtre de l'incendie.

— Laissez-moi, laissez-moi, s'écriait le vieillard avec désespoir. Êtes-vous donc complice de ces misérables pour me retenir ainsi quand j'ai à défendre mes propriétés attaquées ? Oui, oui, vous êtes leur complice ; car qu'ai-je à attendre autre chose du fils de mon plus mortel ennemi ?

— Insultez-moi si vous le voulez, monsieur, répliquait le jeune homme sans lâcher prise ; mais quelle que soit votre injustice envers moi, je ne souffrirai pas que vous vous exposiez à braver les auteurs du crime dans un pareil moment... Qui sait ce qui arriverait si vous tombiez entre leurs mains? Monsieur, vous vous devez à votre fille! »

Ce langage ferme sembla faire quelque impression sur le vieillard; cependant il ne pouvait détourner les yeux de l'immense jet de flammes dont l'obscurité de la nuit rendait encore l'éclat plus terrible :

— Mais il ne restera rien de notre pauvre maison! s'écria-t-il en se tordant les mains.

— Votre fille est mourante, dit Daniel.»

Le cœur du père se réveilla. Il courut à Justine, et la serra dans ses bras par une étreinte convulsive :

— Pauvre petite, elle ne voit pas du moins cet affreux spectacle et notre ruine !»

En ce moment, l'orage, qui menaçait depuis quelques heures, éclata avec violence ; un vent venu de la mer s'abattit impétueusement sur les dunes et forma d'immenses tourbillons de sable qui couvrirent les voyageurs. En même temps de larges gouttes de pluie mêlées de grêle commencèrent à tomber, un coup de tonnerre épouvantable retentit au milieu du silence, et le feu du ciel parut se confondre avec le feu de l'incendie.

Ni Bordet, ni Melloc lui-même ne remarquèrent d'abord ce désordre des éléments, occupés qu'ils étaient à secourir Justine. Cependant, au bout d'un moment, Daniel dit au malheureux père :

— L'état de cette jeune fille nécessite de prompts secours, monsieur, et vous-même, au milieu de ce terrible orage, vous avez besoin d'un abri. Où comptez-vous chercher un asile ?

— Mais il ne restera plus pierre sur pierre de ces magnifiques bâtiments que j'ai vus s'élever autrefois avec tant d'orgueil ! » s'écria le vieillard, fou de douleur en voyant l'incendie s'aviver à chaque rafale.

— Ces bâtiments ne sont pas toute votre fortune, monsieur; vous êtes riche et vous vous ferez construire une autre habitation. Du reste, je vous donne ma parole qu'aussitôt que je vous aurai conduits dans un lieu sûr, vous et cette pauvre enfant, je reviendrai ici et je m'efforcerai de sauver ce qui pourra être sauvé. Et maintenant, hâtez-vous, ou votre fille mourra faute de secours. »

Tel était l'ascendant que le jeune officier

avait su prendre en ce moment, que Bordet fut rappelé à lui-même et au sentiment de sa situation :

— Où pourrai-je aller ? demanda-t-il ; dans tout le voisinage je n'ai que des ennemis ! Ma prospérité a fait de moi un odieux paria. »

Daniel se rapprocha vivement de lui.

— Monsieur Bordet, fit-il d'un ton bref, les circonstances sont graves, et de vaines considérations d'amour-propre ne doivent pas vous retenir. On a calomnié mon père auprès de vous, monsieur, et je suis certain d'avance qu'il ferait un bon accueil à un voisin malheureux qui viendrait lui demander un asile pour une nuit. Notre habitation est à deux pas d'ici ; permettez-moi de vous offrir l'hospitalité.

— L'hospitalité chez Melloc? s'écria le vieillard; jamais !

— C'est au nom de votre fille mourante que je vous supplie d'accepter, reprit Daniel; je vous le répète, on a calomnié mon père dans votre esprit. Il a pu prendre ouvertement parti contre vous quand vous étiez dans la prospérité; mais maintenant que l'animosité des gens de ce pays a eu de si coupables résultats, il reniera leur cause, et vos anciennes querelles seront oubliées; il vous recueillera avec respect et amitié, c'est son fils unique qui s'en porte garant. Au nom du ciel, ne refusez pas à mon père le moyen de réparer ses torts envers vous ! »

Bordet hésitait encore ; cependant ces paroles affectueuses et pressantes l'avaient touché. La vue de Justine, immobile sur les banquettes de la voiture, acheva de le décider.

— Eh bien, j'accepte, dit-il avec effort, j'accepte au nom de cette pauvre enfant ; car pour moi il faudra que je revienne ici ; votre père, en effet, si méchant qu'on l'eût cru, aura pitié de nous dans cette circonstance funeste, et moi, de mon côté, je n'oublierai jamais vos généreux services.

— Qui sait, monsieur, dit Daniel en soupirant, si ce service est bien désintéressé, et si je n'aurai pas occasion un jour de vous en demander la récompense ? »

Bordet était trop occupé en ce moment pour chercher un sens à ces paroles. Daniel voulut qu'il remontât dans la carriole pendant que lui-même conduirait le cheval par la bride. Le vieillard, déjà tout trempé de pluie, refusait obstinément.

— Il faut que vous souteniez votre fille évanouie, dit le jeune officier : les cahots de la voiture pourraient la blesser. Montez donc, je vous en prie, et hâtons-nous. »

Bordet obéit, vaincu par cette raison péremptoire, et Daniel fit prendre au cheval une direction opposée à celle de l'habitation des Sabres.

Une obscurité profonde couvrait la nature; mais le jeune militaire connaissait trop bien le pays pour s'égarer, et la faible lueur des éclairs qui perçait avec peine le nuage épais de pluie, de grêle et de sable qui s'agitait autour de lui, suffisait pour lui montrer sa route. Quoique faible, épuisé, haletant de cette lutte pénible contre l'orage après une journée de fatigues, il se retournait de temps en temps pour regarder les deux malheureux dont il s'était fait le protecteur et le guide. Le vieux Bordet avait enveloppé Justine dans un manteau ; l'enfant paraissait dormir dans les bras de son père.

Au moment où ils allaient tourner la dune à laquelle la ferme de Bordet était adossée, le guide voulut juger des progrès de l'incendie. Une teinte rouge, qui s'effaçait de plus en plus, remplaçait seule les immenses jets de flammes qui, un moment auparavant, s'élevaient jusqu'au ciel. Il appela le vieux Bordet pour lui montrer ce spectacle.

— Voyez, lui dit-il d'un air consolant ; cet orage, qui pour tant d'autres sans doute sera un sujet de tristesse et de désolation, aura sauvé peut-être votre habitation. Le sable et la pluie ont déjà fait leur effet sur l'incendie; ce vent violent souffle de manière à préserver le corps principal du bâtiment. Espérez, monsieur : Dieu se déclare pour vous. »

Le vieillard répondit par un sourd gémissement et bientôt la voiture gagna l'extrémité de la petite gorge où elle s'était engagée, mais là le danger devenait plus imminent. Le vent arrachait aux dunes d'épais tourbillons de sable qu'il précipitait avec violence sur le village et les alentours. Les voyageurs furent obligés de se détourner un peu pour ne pas se trouver pris au milieu de ce terrible courant.

— Par tout ce qu'il y a de plus sacré, monsieur, dit Bordet d'un ton lamentable, hâtez-vous. Ma fille bien-aimée ne donne plus aucun signe de vie.

— Oh! je donnerais tout le sang de mes veines pour avancer de quelques minutes les secours dont elle a besoin.

— Pourvu que ces secours ne lui manquent pas, murmura le vieillard qui doutait encore du bon accueil promis si formellement par Daniel au nom du vieux Melloc.

Peut-être aussi le doute commençait-il à entrer dans l'âme du militaire, quoiqu'il continuât à presser de tout son pouvoir le pas du cheval épuisé de fatigue. A mesure qu'on approchait de l'habitation, Daniel devenait plus inquiet. L'expression de ses traits, ses gestes brusques et saccadés, faisaient deviner une grande incertitude, en même temps qu'une douleur profonde. Cependant il sembla prendre tout à coup un parti énergique et violent; il laissa échapper une exclamation brève que l'on ne put comprendre; il donna un violent coup de fouet au cheval, qui fit un dernier effort. Une minute après, la voiture s'arrêtait devant la Grande-Ferme.

III

Cette habitation ressemblait aux misérables maisons des paysans du voisinage, et sa grandeur seule pouvait faire soupçonner qu'elle appartenait à un des personnages les plus riches du pays. Aux passagères clartés de l'orage, on entrevoyait d'abord la maison du maître, basse, mesquine, à un seul étage, recouverte de tuiles courbes, brisées en plusieurs endroits. En avant de ce corps de logis principal, une muraille en ruines, et qui avait dû supporter à une époque reculée une claire-voie de bois, dont quelques lambeaux pendaient encore aux pignons latéraux, formait une petite cour encombrée d'ustensiles aratoires hors de service. A gauche, des masures construites avec des poutres de sapin superposées, grossièrement équarries et réunies par un torchis en mauvais état, servaient de granges et de retraite aux bestiaux. A droite, un hangar, auquel étaient adossées de fétides étables, était rempli de bottes de paille et de foin, où les gens de service trouvaient un gîte chaque soir. Tout cela était sombre, antique, et attestait plus d'insouciance encore et d'avarice que de misère.

L'arrivée de Daniel et de ses hôtes devant cette chétive demeure fut saluée par les aboiements de plusieurs chiens maigres et hargneux qui vaguaient autour de l'habitation comme pour en défendre l'approche. A ce bruit qui se mêlait aux roulements du tonnerre et au fracas du vent et de la pluie, une lumière qui brillait à une des fenêtres du rez-de-chaussée parut s'agiter; en même temps la porte s'ouvrit, et une vieille femme ridée et cassée, au costume étrange, à la coiffure plus bizarre encore, parut sur le seuil tenant une bougie de résine qu'elle couvrait de sa main tremblotante pour empêcher le vent de l'éteindre.

— Est-ce vous, monsieur Daniel? demanda-t-elle en patois du pays.

— C'est moi, Madeleine; éclairez-nous : vous voyez bien que j'amène des hôtes. »

Alors seulement la vieille femme reconnut que Daniel n'était pas seul. Elle éleva son flambeau, et quand elle eut aperçu la voiture que Melloc venait de conduire sous le hangar, elle s'écria avec une sorte d'effroi :

— Notre-Dame de Bon-Secours! qui nous amenez-vous là, monsieur Daniel? Que va dire votre père en voyant sa maison envahie par tant de monde? avec cela qu'il est d'une humeur massacrante ce soir. Il est monté à sa chambre en pestant contre vous, qui ne rentriez pas; contre l'orage, qui, à ce qu'on vient de nous dire, nous a déjà fait beaucoup de mal; contre tout le monde, enfin : car la perte de ce procès de la commune...

— Taisez-vous, bavarde, interrompit le militaire impérieusement, et, encore une fois, éclairez-nous, pour que nous transportions dans la maison une jeune demoiselle qui a besoin de prompts secours.

Pendant ces pourparlers, Bordet était descendu de voiture et portait doucement dans ses bras la jeune fille à qui quelques gouttes de pluie commençaient à rendre la connaissance. Un reflet du flambeau que tenait Madeleine tomba sur les traits de Bordet dont les yeux brillaient d'un feu étrange par suite des terribles émotions de la soirée. En le reconnaissant, la vieille poussa un cri d'effroi, laissa échapper sa bougie qui s'éteignit, et rentra précipitamment dans la maison en criant : — Le sorcier ! le sorcier ! »

L'agriculteur s'arrêta et dit à Daniel avec une sorte de désespoir :

— Vous voyez comme on nous accueille ici, monsieur, et je crains bien que la réception du maître de cette maison ne soit pas plus cordiale. D'après le peu de paroles que je viens d'entendre, vous vous exposez à la colère de votre père en nous accordant l'hospitalité ! Parlez, monsieur, il en est temps encore ! ma fille et moi nous nous résoudrons à rester errants et sans asile pour cette nuit, dussions-nous en mourir, plutôt que d'être cause...

— Entrons, monsieur, » dit Daniel.

Et il marcha le premier, suivi de Bordet, qui tenait toujours son précieux fardeau.

Le rez-de-chaussée où pénétrèrent d'abord

les arrivants semblait servir à la fois de cuisine et de salle commune aux bergers et aux laboureurs de la Grande-Ferme. L'aspect en était noir et délabré comme le promettait l'extérieur de la maison; quelques escabeaux de bois et un bahut du travail le plus fruste formaient tout le mobilier. Un vaisselier sur lequel s'étageaient des assiettes et des plats d'étain brillant de propreté, attestait seul que cette demeure n'était pas celle d'un des plus pauvres Landais. Malgré la chaleur de la soirée, un feu de bois de sapin brillait dans la cheminée, répandant une odeur aromatique. Autour de ce feu une douzaine de personnes environ faisaient la veillée sous la présidence de dame Madeleine, la ménagère toute-puissante du logis. C'étaient des pâtres, des bergères, des laboureurs qui venaient de rentrer, chassés par l'orage et qui semblaient écouter avec attention quelques-unes de ces histoires de sorciers et de revenants qui plaisent tant aux superstitieux habitants des campagnes. Les hommes avaient quitté leurs manteaux blancs, et, revêtus seulement de leur costume de peau de mouton, ils se séchaient devant l'âtre en tricotant leurs bas. Les femmes, habillées sans goût et sans grâce, la tête couverte d'une espèce de capuce formée de plusieurs mouchoirs de dessous lesquels s'échappaient de longs cheveux flottants, filaient au rouet; leurs jambes couvertes de peau de mouton comme celles des hommes, attestaient qu'elles aussi, dans la journée, avaient parcouru les Landes sur des échasses.

A l'exclamation de Madeleine et plus

encore à l'apparition de Bordet, tous s'étaient levés en donnant des signes d'effroi. Plusieurs se précautionnèrent de nombreux signes de croix qu'on pouvait pourtant attribuer à la frayeur causée par les bruyants coups de tonnerre qui ébranlaient la campagne. Bordet crut deviner à certains regards échangés entre les assistants, et à la stupeur peinte sur leurs traits, qu'il était le héros de l'épouvantable histoire qu'on racontait sans doute un moment auparavant autour de ce foyer.

Daniel essaya d'effacer cette impression fâcheuse.

— Soyez le bienvenu, monsieur, dit-il au vieillard quand il eut franchi le seuil de la porte, soyez le bienvenu, vous et votre fille, dans la maison de mon père. Vous y trouverez repos et protection, je vous le jure, » ajouta-t-il avec la fermeté exaltée d'un homme qui se roidit contre les difficultés.

Bordet fit un signe de résignation sans répondre et se hâta de déposer sa fille dans le grand fauteuil que venait de quitter dame Madeleine auprès du feu.

— Sainte mère de Dieu! comme vous voilà fait, monsieur Daniel! s'écria enfin la gouvernante en examinant son jeune maître. D'où venez-vous ainsi tête nue, tout trempé de pluie et couvert de boue? Vous prendrez une pleurésie, c'est sûr.

— Ne songez pas à moi, Madeleine, dit le militaire, mais à nos hôtes, qui ont plus besoin que moi de secours pressants. Préparez sur-le-champ une chambre pour cette pauvre demoiselle. Moi, j'ai à sortir aussitôt que je me serai assuré qu'elle ne manquera de rien. Préparez ma chambre; c'est presque, ajouta-t-il tout bas à Bordet, la seule pièce habitable de la maison. »

La vieille femme resta immobile.

—Et où donc comptez-vous aller encore? s'écria-t-elle; croyez-vous que M. Melloc ne soit pas assez malheureux ce soir de perdre de bons arpents de terre et toute sa récolte, sans qu'il risque encore de perdre dans les mouvants son étourdi de fils? Restez, restez, monsieur Daniel, et croyez-moi, si M. Melloc savait comment vous disposez de sa maison pendant qu'il dort.... Au reste, ajouta-t-elle en jetant un regard significatif sur les étrangers, si cette jeune demoiselle est malade, comme vous le dites, pourquoi ceux qui commandent aux démons et qui peuvent guérir toutes les maladies par un seul mot ne la guérissent-ils pas?

—Obéirez-vous? s'écria le jeune militaire d'une voix tonnante. Et vous, braves gens, reprit-il d'un ton brusque en se tournant vers les pâtres et les bergères qui se tenaient debout et silencieux autour de la salle, que faites-vous ici? »

Madeleine, subjuguée par cet accent impérieux, alluma une nouvelle bougie pour aller exécuter les ordres qu'elle avait reçus ; les paysans et les paysannes qui formaient sa cour un instant auparavant sortaient un à un. En passant près d'eux, la gouvernante murmura tristement :

— Je vous disais bien que le sorcier et sa damnée de fille avaient jeté un charme sur le pauvre M. Daniel! »

Tous frémirent en jetant sur Bordet un regard d'effroi.

— Le sorcier n'a donc pas été brûlé dans l'incendie de la ferme, comme vous le disiez tout à l'heure? » demanda une jeune fille à l'oreille de Madeleine.

Celle-ci la regarda avec une expression de pitié dédaigneuse :

— Est-ce que ces gens-là peuvent brûler? répondit-elle. Je vous ai dit qu'on l'avait vu apparaître au milieu des flammes, mais non pas qu'il fut brûlé. Ce serait un trop grand bonheur pour le pays! Et penser que je vais passer la nuit sous le même toit que cet homme-là !

—Dieu vous assiste, Madeleine !»

Pendant ce temps, Daniel et le vieux Bordet s'empressaient auprès de Justine, qui, peu, à peu reprenait ses sens. La douce chaleur du foyer rappela une légère rougeur sur ses joues décolorées; elle souleva lentement sa tête, et écarta les longs cheveux châtains qui couvraient son visage.

— Où suis-je? mon Dieu! demanda-t-elle.

— Je suis près de toi, ma fille, soupira le vieillard près de son oreille.

— Vous êtes chez Daniel Melloc, mademoiselle, ajouta le jeune officier en prenant la main de Justine comme pour voir si la chaleur revenait dans ses membres, mais en réalité pour presser doucement cette main qu'on lui abandonnait.

— Daniel! ici? reprit la jeune fille.

Puis elle ajouta avec un accent de tristesse : — Ah! oui, je me souviens! »

Elle retomba dans les bras de son père,

épuisée par l'effort qu'elle venait de faire.

— Monsieur Bordet, dit alors l'officier, oubliez ce qui a pu vous offenser en entrant dans cette maison. Mademoiselle Justine va être conduite à une chambre où elle ne manquera de rien, et une nuit de repos suffira sans doute à son rétablissement; confiez-la au soin de la gouvernante, pendant que nous chercherons à arrêter les effets de ce déplorable incendie. Je vais amener avec moi quelques-uns de ces vigoureux gaillards qui étaient ici tout à l'heure, et je saurai bien les faire travailler à éteindre le feu qu'ils ont peut-être allumé.

— Quoi! M. Daniel, dit le vieillard d'un ton affectueux, vous voulez sortir encore par ce temps affreux, sans prendre de nourriture, sans changer de vêtements?

— J'ai tant de torts à faire oublier, monsieur !

— Vous les avez tous effacés, jeune homme, par votre noble et généreuse conduite d'aujourd'hui, » dit l'agriculteur en lui tendant la main.

De son côté, Justine adressa à Melloc un regard céleste qui en disait plus que les plus éloquentes paroles.

En ce moment, Madeleine rentra et annonça d'un ton de mauvaise humeur que la chambre était prête.

Daniel se leva et saisit son fusil comme pour sortir.

— Conduisez donc cette demoiselle à la chambre, et songez bien, Madeleine, ajouta-t-il d'un ton significatif, que vous devez lui obéir comme à moi-même. Si je suis content de votre zèle, je saurai bien vous en récompenser ; sinon.... prenez-y garde. »

La gouvernante avait sans doute éprouvé plusieurs fois le caractère violent du jeune militaire, car elle protesta de sa soumission. Pendant ce temps-là Bordet faisait ses adieux à Justine.

— Partons, monsieur, » dit Daniel.

Il se dirigeait vers la porte qui s'ouvrait dans la campagne, lorsqu'une voix cassée et traînante se fit entendre de l'étage supérieur :

— Eh bien ! eh bien ! que signifie tout ce remue-ménage ? demanda-t-on avec l'accent de l'impatience. On dirait que tous les diables de l'enfer dansent dans ma maison ! Madeleine, quelle est donc la cause de ce bruit ? »

Avant que Madeleine eût le temps de répondre, Daniel avait répliqué avec assurance:

— C'est moi, mon père.

— Ah! c'est toi, monsieur mon fils, reprit la voix d'un ton radouci ; il est bien temps de revenir de la chasse! mais sans doute, tu seras allé voir le beau feu de joie que les gens de D... ont allumé chez Bordet! Monte donc me dire bonsoir et nous causerons.

— Mon père, dit Daniel avec embarras, je ne puis à présent...

— Ah! je comprends, reprit le vieux Melloc avec impatience, monsieur revient éreinté et mourant de faim, et il préfère son souper à la conversation de son père ! Eh bien, que Madeleine te monte à souper ici!

Ne faut-il pas que tu me dises où en sont tes amours avec...?

— Me voici, mon père, interrompit Daniel en se précipitant vers le petit escalier de bois par lequel on arrivait à l'étage supérieur.

— Partez, monsieur, partez! dit-il à Bordet avec effroi; j'irai vous rejoindre dans un instant. »

Bordet ne bougea pas et fit signe à Justine de suivre Madeleine; mais aux dernières paroles du vieux Melloc la jeune fille était devenue pâle et si tremblante, qu'on eût dit qu'elle allait retomber en faiblesse.

IV

La chambre qu'occupait le vieux Melloc était simple et pauvre comme le reste de l'habitation. A travers les cloisons mal jointes en planches de sapin on pouvait entendre ce qui se disait d'un bout à l'autre de la maison. Le plancher craquait à chaque pas, comme s'il allait crouler sous le poids de ceux qui le foulaient, et quelques gouttes de pluie venant du toit glissaient lentement sur le papier jaunâtre et déchiré en plusieurs endroits qui tapissait les murailles. Une vieille armoire en chêne, un lit aux couleurs sombres, dont un matelas de plumes presque aussi épais que celui de dessous formait la couverture; une table vermoulue chargée de gros livres de comptes, qui, de temps immémorial, servaient à enregistrer les revenus des propriétaires de la Grande-Ferme; quelques chaises à demi dépaillées composaient le luxe de ce vieillard qui possédait plus de dix lieues de terrain dans les Landes. A la vérité, sur cette immense étendue quelques centaines d'arpents tout au plus donnaient des récoltes; et encore, au dire des gens experts en cette matière, la moitié des prairies artificielles et des pignadas de Bordet, circonscrites dans une étroite enceinte, produisait plus que tout le domaine de cet ancien partisan des vieilles traditions agricoles du pays.

Melloc était un vieillard maigre, chétif, de petite taille, sur lequel l'influence maligne du climat avait pesé de tout son poids. Assis devant la table chargée de registres, il semblait calculer à la lueur d'une lampe, sur un papier aussi jaune que ses doigts tremblants et tordus par la goutte, les pertes qu'allait lui occasionner l'orage. Sa tête chauve était penchée sur les chiffres qu'il groupait tristement, quand le bruit des pas de Daniel qui ébranlait toute cette maison mal jointe vint le tirer de ses réflexions. Il se renversa sur sa chaise, et posant un moment la main sur ses yeux fatigués par le travail, il dit d'une voix aigre et perçante qui lui était particulière :

— Te voilà enfin, mauvais enfant, qui me laisses une journée entière dans l'inquiétude pendant que tu cours après les outardes et les canespetières ? il est parbleu bien temps de rentrer ! mais sans doute tu as voulu t'assurer par toi-même du ravage que cette abominable tempête a fait dans nos biens. Est-il vrai, comme on me l'a dit, qu'une dune ait été renversée sur notre terre du Castre, et que les champs du Gaillon aient déjà disparu sous l'eau ?

— Je ne viens pas de ce côté, mon père.

— Ah ! je comprends, tu es allé voir brûler la magnifique maison de cet orgueilleux de Bordet... »

Daniel fit un geste de sombre impatience.

— Allons, allons, ne te fâche pas, reprit le vieillard en ricanant. Je sais bien, et tout le monde sait dans le pays, que tu aimes la petite Bordet, que tu la vois souvent en cachette, et que probablement... mais, je te le répète, ne te fâche pas, ajouta-t-il en voyant son fils s'agiter avec colère; je ne veux pas te presser trop au sujet de tes amours, puisque tu es si peu traitable sur ce chapitre. Cela ne me regarde pas : mon coq est lâché, tant pis pour le vieux Bordet s'il ne sait pas garder sa poule... Ce que je voulais te dire, c'est que le vieil avare a dû faire une triste mine en arrivant chez lui, lorsqu'il a vu la surprise que lui avaient préparée les gens du voisinage ! Ah ! il croyait, continua Melloc en se frottant les mains avec gaieté, qu'il avait tout gagné en gagnant son procès contre la commune ! Il revenait tout fier, disposé encore à bouleverser ses terres et à faire de véritables tours de force d'agriculture pour narguer les traditions et les *coustumes* du pays ! Mais voilà une nuit qui rabattra sans doute un peu son orgueil. L'orage ne l'aura pas plus épargné que nous ; ses récoltes seront ruinées comme les nôtres ; et maintenant que nos voisins, qui n'aiment pas les sorciers, ont brûlé son château, car c'était un véritable château...

— Êtes-vous bien sûr, mon père, dit Daniel d'une voix sourde, que des bergers ignorants soient les seuls auteurs du crime affreux dont monsieur Bordet vient d'être victime ? »

Et en prononçant ces paroles il attachait un regard scrutateur sur les traits ridés et flétris du vieillard. Celui-ci soutint tranquillement ce regard de feu, et répondit avec un étonnement qui ne pouvait être simulé :

— Et quel serait l'auteur de ce crime, Daniel, sinon quelque pauvre diable furieux de ne pas voir toutes les terres de Bordet devenir un communal, ou plutôt, comme l'affirme un berger qui en voulait à Bordet, de lui avoir refusé un troupeau à garder? je ne vois personne autre... »

Le jeune homme pressa vivement la main de son père contre ses lèvres.

— Oh! pardonnez-moi! s'écria-t-il avec un accent ému.

— Ah çà! Daniel, à qui en as-tu ce soir? que veux-tu que je te pardonne? Tu m'as l'air d'avoir la cervelle un peu troublée; ne te serait-il pas arrivé quelque chose là-bas avec ton adorée? voyons, mon garçon, que s'est-il passé? Conte-moi cela...

— Mon père, il faut que je vous quitte, » dit Daniel vivement.

En ce moment Madeleine parut portant le souper qu'elle déposa sur la table devant son jeune maître :

— Au moins, monsieur Daniel, vous ne sortirez pas sans avoir pris quelque nourriture. Vous êtes pâle, exténué, et je suis sûre que depuis ce matin.....

— Sortir! s'écria le père, et où irait-il par un temps pareil?

— Ah! monsieur, si j'osais... » ajouta la

gouvernante en se rapprochant de son maître.

Mais le militaire, d'un geste, lui imposa silence.

—Madeleine, lui dit-il, avez-vous eu soin que nos hôtes ne manquent de rien dans la chambre où vous les avez placés ? »

Le vieillard tressaillit de surprise.

—Des hôtes ! s'écria-t-il, chez moi, à cette heure ! Voilà donc l'explication du bruit qui m'a interrompu dans mon travail, et de ton étrange préoccupation ! Daniel, réponds, comment se fait-il que tu aies introduit dans ma maison des gens que je ne connais pas ou qui sont peut-être mes ennemis ?

— Mon père, répondit Daniel avec une sorte de solennité mélancolique, ceux que j'ai introduits chez vous sont impuissants à vous faire du mal. L'un est un pauvre vieillard désespéré, victime de barbares préjugés; riche hier, aujourd'hui sans asile et suppliant. L'autre est une faible et innocente jeune fille, abattue par les souffrances et le malheur, presque mourante au moment où elle a tant besoin de force et de courage pour les maux présents et à venir. Je les ai trouvés tous deux errants dans la campagne au moment où éclatait cet orage : leur demeure était en flammes d'un côté, des ennemis les attendaient peut-être de l'autre; les hommes, la terre et le ciel se soulevaient contre eux... j'en ai eu pitié, je les ai conduits ici, je les ai forcés en quelque sorte d'accepter notre hospitalité. Mon père, ai-je donc commis une faute en comptant que vous voudriez prendre part à cette bonne action?»

Le vieux Melloc sembla réfléchir profondément ; puis il dit en hochant la tête :

— Ainsi donc, monsieur, c'est Bordet et sa fille que vous avez introduits ici sans mon aveu et sans même me consulter ? Vous n'avez pas hésité à leur montrer notre intérieur misérable, si différent de leur somptueuse demeure, afin qu'ils puissent rire de nous et de notre pauvreté !

— Les circonstances étaient trop impérieuses...

— Assez, monsieur ; vous avez un peu trop compté sur mon indulgence en espérant que je recevrais dans ma maison l'ennemi commun de ce pays, et que j'attirerais ainsi sur moi la haine qui s'attache à lui. Vous avez trop compté sur ma bonhomie en espérant que j'accueillerais favorablement votre maîtresse et le père de votre maîtresse; car, vous essayeriez vainement de le nier, vous avez séduit cette jeune fille. »

Daniel tomba aux genoux de son père, il lui dit d'un ton bas et suppliant en tendant la main comme pour lui fermer la bouche :

— Silence! oh! silence, par pitié! vous les tueriez tous deux. »

Mais la haine du vieux campagnard, d'autant plus intense qu'elle avait été toujours impuissante, se réveillait dans ce moment de triomphe et éclatait enfin après s'être mûrie si longtemps dans le silence et la solitude.

— Oui, ta maîtresse! ta maîtresse! s'écria-t-il avec un éclat de rire. Je savais tout, mon fils; j'épiais tes démarches, tes actions! je devinais les progrès de cet amour mystérieux qui devait nous venger; je me disais avec une joie profonde en voyant cet étranger s'enrichir toujours et devenir de jour en jour plus fier et plus arrogant : « Patience, mon fils payera toutes nos dettes. »

Daniel recula comme si une vipère venait de se dresser devant lui.

— Vous! mon père, vous avez fait ce calcul? s'écria-t-il avec indignation ; vous avez spéculé, au profit de votre haine aveugle, sur cet amour simple et pur de deux pauvres enfants qui obéissaient à leur cœur? Oh! rétractez ces horribles paroles, car j'oserais vous dire que ce que vous avez pensé est infâme !

— Et ce qui serait plus infâme encore, dit une voix forte et sonore derrière lui; ce serait, monsieur Daniel Melloc, que vous eussiez fait ce dont vous accuse votre digne père, ce serait qu'il eût dit vrai ! »

Bordet avait entendu la conversation précédente à travers le léger plancher de cette maison délabrée. Il entra lentement, les bras croisés sur sa poitrine, les yeux étincelants. Il était si pâle et si défiguré qu'il était méconnaissable ; cependant il affectait dans sa démarche et dans sa voix un calme effrayant. Madeleine se retira épouvantée à l'autre bout de la chambre ; Melloc et son fils gardaient le silence. Bordet s'avança jusqu'à deux pas du vieux Melloc :

— Monsieur, lui dit-il avec un sang-froid qui témoignait de la puissante énergie de sa volonté, vous m'avez fait légalement tout le mal que vous avez pu, et moi, je ne vous ai jamais fait de bien. Cependant, monsieur, quelle que soit notre haine mutuelle, je crois que vous ne voudriez pas en rendre victime une jeune fille innocente et étrangère à nos querelles. »

Melloc ne répondit pas.

— Ce sera donc à vous que je m'adresserai, reprit le père de Justine du même ton en se tournant vers Daniel; ce sera donc vous qui me direz que tous ces bruits sont d'ignobles calomnies, que ma fille est toujours restée pure...

— Elle est coupable, » dit une voix faible tout près de lui.

Il se retourna avec vivacité : c'était Justine. Comme son père, elle avait entendu la conversation des deux Melloc de la chambre où on l'avait placée. Elle se jeta à genoux devant Bordet, haletante et brisée.

— C'est vrai, mon père ! » répéta-t-elle en baissant la tête sur sa poitrine et en se voilant avec confusion de ses longs cheveux flottants.

L'agriculteur poussa une exclamation qu'aucune orthographe ne pourrait rendre et s'élança vers sa fille avec un geste de rage, comme s'il allait la broyer entre ses mains crispées. Mais Daniel se jeta devant elle pour la protéger contre ce premier transport.

— Monsieur, dit-il avec émotion, ce n'est pas cette faible et malheureuse enfant qui est coupable; c'est moi, moi qui suis venu troubler son repos quand elle était heureuse et calme dans sa solitude, moi qui l'ai poursuivie de mon amour, importunée de mes démarches quand je la voyais seule, privée du secours et des conseils d'une mère; c'est moi qui suis coupable, monsieur, je vous le répète, et c'est sur moi que doit tomber le poids de votre colère.

— Vous aurez votre tour, répondit Bordel ; ah! vous avez cru peut-être, monsieur le militaire, que la pauvre fille du vieil agriculteur appartenait au premier freluquet qui voudrait bien se donner la peine de la séduire ? Vous vous êtes trompé; j'ai aussi porté l'épée, moi !

— Oh! monsieur, vous ne nous condamnerez pas sans nous entendre.

— Oui, mon père, s'écria Justine en se traînant sur ses genoux et en élevant ses mains vers le vieillard irrité, oui il faut que vous écoutiez le récit de nos souffrances, de nos craintes, de nos espérances; il faut que vous nous écoutiez aussi, monsieur, continua-t-elle en se tournant vers le vieux

Melloc, qui regardait froidement cette scène de désolation, car vous avez été tous les deux le prétexte et l'excuse de cette fatale passion. »

Il y eut là un moment de silence pénible; Daniel releva Justine et la fit asseoir.

— Mon père, reprit-elle, depuis longtemps je connaissais M. Daniel, je l'avais vu à Mont-de-Marsan chez madame Duval, cette ancienne amie de notre famille et de la sienne. Plusieurs fois dans nos rares entrevues il m'avait exprimé des regrets sur les dissensions qui avaient éclaté entre nos deux maisons. Quand je quittai la ville pour revenir ici, je vis les haines, les rivalités suscitées contre vous par vos succès mêmes; je songeai alors aux paroles de paix du fils de votre ennemi. D'ailleurs dans l'isolement où je vivais au fond de cette campagne retirée, les souvenirs s'effacent difficilement... j'étais rêveuse, inquiète; vous, mon père, absorbé par vos pénibles et continuelles occupations, par votre lutte incessante contre vos ennemis, vous ne songiez pas au danger de la solitude pour votre pauvre fille... Oh! si vous saviez ce que j'ai souffert!

« A cette époque, M. Daniel vint habiter la Grande-Ferme. Je l'avais presque oublié, lorsqu'un jour il me rencontra dans une de mes promenades solitaires; peut-être ne me cherchait-il pas. Cependant il s'approcha de moi; il me rappela avec politesse les rares et courts instants que nous avions passés chez une amie commune; puis il revint à son sujet favori, qui était toujours une réconciliation possible entre nos deux familles. Il vous aimait, lui aussi, mon père; il admirait votre courage à poursuivre des expériences et des améliorations qui pouvaient être une source de bien-être pour ce pays tout entier. Puis il me fit entendre qu'il serait beau à moi de travailler à cette réconciliation si désirée. Vous m'aimiez, mon père, comme M. Melloc aimait Daniel; nous pouvions nous servir de cette affection pour arriver à ce but précieux! Dès cette première entrevue nous avions déjà les mêmes désirs, les mêmes espérances, les mêmes secrets!

« Que vous dirais-je ? l'importance du résultat nous aveugla sur les dangers d'une semblable ligue. M. Daniel était obligé de me voir en cachette pour me parler de nos projets communs ; de là naquit un sentiment mutuel dont nous ne savions pas assez nous défendre. Dès que je m'en aperçus, je voulus interrompre ces visites mystérieuses, ces causeries de chaque jour ; j'obtins même de Daniel qu'il s'éloignerait pour longtemps. Mais que pouvais-je faire toujours seule et abandonnée à mes propres forces ! Je n'osais, mon père, vous révéler la vérité ! Daniel, de son côté, n'eut pas la force de s'éloigner, malgré mes prières... Il me disait que ni vous ni son père ne pourriez résister à nos ardentes supplications quand vous sauriez la vérité ; que nous serions l'un et l'autre le gage d'une réconciliation durable entre les deux familles ; que notre mariage comblerait tous les obstacles, réconcilierait toutes les haines, et je le crus, et nous nous berçames de la douce espérance d'un avenir de paix et de bonheur!

« Voilà la vérité, mon père; tels sont les faits dont la malignité des gens de ce pays s'est emparée pour nous perdre. Daniel devait dans quelques jours d'ici déclarer son amour à M. Melloc et il attendait tout de l'affection de son père; moi je comptais sur la vôtre, lorsque la catastrophe de cette terrible soirée est venue si brusquement amener le dénoûment. Et maintenant, mon père, vous savez tout; pardonnez-lui à lui et à moi; pardonnez-nous aussi, M. Melloc, car jamais amour n'a coûté tant de larmes à deux enfants coupables! »

Justine s'arrêta; Daniel était près d'elle, morne et abattu. Bordet, qui avait écouté attentivement les paroles de sa fille, se retourna vers elle et lui dit avec une fureur mêlée de mépris :

— Eh! que m'importent à moi les excuses de votre crime ! En avez-vous moins déshonoré mon nom et trahi ma confiance ! Insensée, savez-vous, quel était le projet de ce jeune homme en vous faisant trahir vos devoirs? Il voulait servir l'exécrable vengeance de son père, il voulait se réjouir avec lui de notre déshonneur à tous deux !

— Cela n'est pas! O Daniel, Daniel! au nom de Dieu, dites-lui donc que cela n'est pas!

— Monsieur, s'écria le jeune militaire avec énergie en se tournant vers son père, c'est à vous de répondre ! »

Le vieillard promena sur les assistants un

regard où brillait une joie maligne et dit froidement à Bordet :

— Monsieur, je ne serai jamais votre ami quoi qu'il arrive. Cependant, je suis obligé de vous déclarer que mon fils n'a eu jamais, n'a jamais pu avoir les projets que vous lui supposez. Laissons à chacun ce qui lui est dû : les enfants étaient de bonne foi dans leur amour comme dans leurs espérances. Ce que vient de dire mademoiselle m'explique les sollicitations importunes de Daniel pour un rapprochement entre nous, sollicitations dont vous avez dû aussi être l'objet de la part de votre fille. Allez, allez, monsieur, nous nous haïssons assez pour n'avoir pas à chercher dans nos enfants des complices de notre haine. »

Ces paroles, prononcées avec un sourire

sardonique, aiguillonnèrent encore la colère frénétique du vieux Bordet.

— C'est donc sur vous, monsieur, s'écria-t-il d'un ton terrible, que devra retomber mon mépris, sur vous, homme sans âme, qui avez surpris le secret de cette passion funeste et n'avez pas su l'arrêter, sur vous qui avez calculé froidement cette séduction dont la honte d'une jeune fille et le déshonneur d'une famille devaient être les résultats ! Et moi qui avais cru, ajouta-t-il avec une expression effrayante en s'arrêtant devant Daniel, moi, insensé, qui avais pu croire un moment ce soir qu'il pouvait entrer un peu de noblesse et de générosité dans l'âme d'un Melloc ! Ah! maudits soient le père et le fils! Maudits soient les lâches !

— Monsieur, s'écria le vieux Melloc avec

arrogance, vous oubliez que vous êtes chez moi quand vous m'insultez ainsi.

— C'est vrai, monsieur, reprit Bordet en s'efforçant de paraître calme, je ne suis pas ici chez moi; car maintenant il ne me reste plus rien, ni asile ni biens sur la terre. Cette nuit a consommé ma ruine; hier j'avais des terres fertiles, une habitation somptueuse et une fille qui faisait ma joie et mon orgueil. Aujourd'hui l'incendie, l'orage et la haine de mes persécuteurs ne m'ont rien laissé. Adieu, messieurs, votre vengeance a été complète; soyez-en fiers! »

Il se retourna vers Daniel et murmura en se préparant à sortir :

— Monsieur, nous nous reverrons... peut-être! »

Justine se cramponna à ses habits:

— Mon père! ô mon père! pardonnez-moi. Où voulez-vous aller? du moins, permettez-moi de vous suivre!

— Vous resterez ici, mademoiselle! vous avez fait cause commune avec mes ennemis; il faut qu'ils vous reçoivent chez eux puisque vous êtes à eux. Où je vais? que vous importe? vous n'êtes plus ma fille, je vous renie! »

Justine poussa un cri de désespoir et tomba dans les bras de Madeleine, qui était accourue à son secours. Daniel s'élança pour retenir Bordet, mais avec une force surhumaine le père de Justine se dégagea et s'élança hors de la maison. Tous les assistants restèrent un moment frappés de stupeur. Daniel le premier sembla s'éveiller d'un profond sommeil :

— Il faut courir après lui! s'écria-t-il d'une voix tonnante : il va se tuer. »

Puis s'approchant de son père :

— Votre conduite de ce soir a été bien coupable! je sors pour empêcher un grand malheur peut-être ; je vous confie cette jeune fille, et souvenez-vous que vous m'en rendrez compte. »

Sans attendre de réponse, il s'élança hors de la maison. La nuit était noire. Daniel appela à haute voix; personne ne lui répondit. Alors il se mit à courir dans la direction des Sabres en appelant toujours, et bientôt sa voix se perdit dans le silence de la nuit.

— Où va-t-il, mon Dieu! s'écria Melloc : il est dangereux de courir les landes à cette heure... »

Le vieillard, comprenant enfin combien

il avait mérité les reproches de son fils, commençait à se repentir et à trembler; il dit à Madeleine, qui semblait attendre ses ordres :

— Prenez soin de cette demoiselle comme de ma propre fille! Qui sait quels affreux accidents va causer ma dureté de cœur! »

V

Le lendemain matin, au lever du jour, les habitants de D..., réunis sur la place principale du village, pouvaient contempler dans toute leur affreuse vérité les ravages de la nuit précédente. Quelques dunes avaient été déplacées ; d'autres avaient entièrement disparu; la région du côté de l'ouest présentait l'aspect d'une mer houleuse de sable. Cependant le ciel était devenu radieux, et le soleil, se débarrassant des nuages qui l'avaient voilé à son lever, brillait de tout son éclat. La lande, de son côté, avait entièrement changé de face depuis le jour précédent : au lieu de ce tapis d'ajoncs d'un vert sombre rayé de jaune et de pourpre, le sol était couvert à une grande distance d'une couche uniforme et blanchâtre de poussière. Çà et là de vastes flaques d'eau brillaient dans des endroits où, la veille, les traquets du voisinage n'auraient pu trouver à se désaltérer, et interrompaient seules cette monotonie de couleurs éblouissantes en reflétant l'azur du ciel.

Comme nous croyons l'avoir dit, le petit village de D... était bâti entre deux dunes, au milieu d'une lète, en amphithéâtre, et les malheureux colons pouvaient, de ce poste élevé, juger des terribles changements opérés en quelques heures dans le pays d'alentour. Les maigres récoltes de seigle et de maïs avaient disparu sans laisser aucune trace. Quant aux maisons du village, quelques-unes fléchissaient sous le sable accumulé au-dessus du toit ; des arbres placés dans les endroits le plus exposés au vent d'ouest, avaient été enterrés jusqu'à la moitié de leur tronc. Une heure de plus peut-être, et le vent, l'eau et le sable eussent englouti le hameau tout entier avec ses habitants.

Cependant les Landais examinaient leur ruine avec plus de sang-froid et de calme qu'on aurait dû s'y attendre. L'habitude de semblables désastres avait émoussé leurs regrets, ils les subissaient comme une nécessité, et chacun d'eux trouvait de la consolation rien qu'à penser qu'il n'était pas seul à souffrir.

Après avoir parcouru du regard cette scène de deuil, quelques-uns se tournèrent vers les massifs de pins qui avoisinaient l'habitation de Bordet. Les dunes étaient restées immobiles de ce côté ; les arbres ne semblaient pas avoir souffert, et n'eût été une poussière fine et impalpable qui blanchissait légèrement leur verdure sombre, l'orage avait passé presque sans laisser de traces.

— Au diable soit le sorcier ! dit le sacristain de la paroisse, un de ceux qui avaient été le plus maltraités. Voyez, pendant que nous nous désespérons ici, on se réjouit peut-être là-bas. Les récoltes s'y vendront deux fois plus cher depuis que nous avons perdu les nôtres. Heureusement nous sommes vengés de ce protégé de Satan, et l'incendie de cette nuit...

— Vous vous trompez, dit maître Vincent qui parut tout à coup au milieu du groupe, vous vous trompez, sacristain; car cet orage, qui a respecté les terres et les pignadas de M. Bordet, a contribué aussi à éteindre le feu des bâtiments. La toiture d'une grange et quelques fourrages ont seuls été brûlés. Il est vrai que moi qui vous parle j'ai travaillé jusqu'au jour avec les métayers de M. Bordet pour aider à cette bonne œuvre...

— Que Dieu vous protége, dit l'autre

avec terreur; les fléaux ne peuvent rien contre cet homme! »

Puis il ajouta en regardant les villageois qui l'entouraient :

— Douterez-vous maintenant que ce Bordet ait une puissance surnaturelle, lorsque tout ce qui devait le perdre tourne en sa faveur? Et, tenez, voici Vincent qui était hier son plus mortel ennemi, et qui, dit-on, a été le premier à approuver Luc-Martin... Oui, oui, maître Vincent, pensez ce que vous voudrez ce matin, mais nous savons ce que vous pensiez hier; aussi les sortiléges de ce Bordet doivent être bien énergiques pour avoir changé si vite vos dispositions à son égard. »

Les assistants applaudirent à ce que venait de dire l'oracle de la paroisse. Vincent resta un moment étourdi du coup, cependant il reprit avec cet accent insinuant qui lui était particulier :

— Il est vrai, sacristain, hier je ne pensais pas comme aujourd'hui, et cependant Dieu me garde d'approuver jamais le crime de ce misérable Luc-Martin, qui a disparu aussitôt après l'avoir commis. Quant à M. Bordet, j'avouerai que la nuit, en travaillant à éteindre l'incendie, j'ai fait des réflexions très-sages à son sujet. Il me semblait que nous avions été bien injustes d'attribuer à des sortiléges cette prospérité à laquelle nous pourrions arriver par les mêmes moyens. Si tous les bâtiments de la ferme n'ont pas brûlé, c'est que la grange dans laquelle le berger a mis le feu était solidement bâtie en pierre, au rebours des nôtres, qui ne sont qu'en sapin léger ; avec le secours du sable et de la pluie, nous sommes parvenus à concentrer le feu entre quatre épaisses murailles et à l'éteindre eu peu de temps. Si les dunes qui entourent sa propriété ne se sont pas répandues sur elles, c'est que M. Bordet a eu soin de la préserver par des pignadas qui opposent une barrière à l'orage et fixent les sables si mouvants. Aussi, à la vue de cet ordre admirable, de ces sages précautions, j'ai été forcé de convenir que si une puissance surnaturelle protégeait cet étranger, ce ne pouvait être qu'une puissance divine. D'ailleurs, l'horrible attentat commis cette nuit sur un homme qui nous a rendu des services à tous m'a véritablement mis de son parti.

— Cela peut être vrai, maître Vincent,

reprit le sacristain; mais, encore une fois, cela était aussi vrai hier qu'aujourd'hui, et cependant je crois me rappeler...

— Et quand je dis qu'il nous a rendu des services à tous, interrompit Vincent avec chaleur, comme s'il n'avait pas compris l'observation de son interlocuteur, je puis dire aussi qu'il en a rendu à tout le pays; car il a donné à la commune des exemples qui porteront plus tard leurs fruits... D'ailleurs, sa conduite est on ne peut plus convenable et plus régulière; il va à la messe le dimanche, il donne aux pauvres; et sa fille, mes amis, sa charmante fille, n'est-ce pas un ange de douceur et de bonté?

— Elle m'a soigné dans ma dernière maladie, dit un des paysans, et je suis obligé de reconnaître qu'elle m'a sauvé la vie.

— Elle m'a envoyé l'hiver dernier deux sacs de maïs, ajouta un autre, et ma femme et moi nous avons vécu pendant trois mois de cette aumône.

— Et c'est le père de cette bonne créature qu'on a voulu faire passer pour sorcier ? dit Vincent avec indignation : allez, allez, mes amis, Luc-Martin fait bien de se cacher, car si on le prend, il sera jugé aux assises et puni suivant ses mérites. »

Les paysans se mirent à causer à voix basse, comme persuadés de l'éloquence du colon. Pendant ce temps, Vincent prit par la boutonnière de son habit le sacristain, qui secouait la tête d'un air de doute, et l'entraîna un peu à l'écart :

— Sacristain, lui dit-il d'un ton confidentiel, vous êtes un homme de sens à qui l'on peut confier un secret; eh bien, si vous m'en croyez et si vous voulez continuer à être l'ami du vieux Melloc, ne vous montrez pas l'ennemi de Bordet.

— Vraiment! fit le dignitaire en ouvrant de grands yeux étonnés; mais d'où savez-vous...?

— Que vous importe? apprenez seulement que Melloc et Bordet ne sont plus en querelle, puisqu'ils ont passé la nuit dernière sous le même toit.

— Maître Vincent, ceci me paraît si bizarre...

— Oui, mon cher, la nouvelle est de toute vérité; je la tiens d'un berger de Melloc. Or, vous devinez quelles seront les suites de cette réconciliation : les enfants, qui s'aiment et qui, sans vouloir être mauvaises langues, ont fait jaser tout le pays, auront amené quelque scène pathétique; les pères auront pleuré, et un de ces jours M. le curé bénira les amoureux dans votre église; la chose paraît constante. Or, du moment que M. Daniel épouse la demoiselle, il n'est pas bon d'être brouillé... vous comprenez?

— Vous avez raison, Vincent, vous êtes un homme habile.

— Aussi, hier au soir, quand j'ai su la nouvelle, je suis allé bien vite aider les métayers de Bordet à éteindre le feu. Je compte faire sonner bien haut les services que j'ai rendus, quoique en vérité la pluie et quelques coups de hache dans la toiture aient fait presque tout. Et voilà pourquoi je disais tout à l'heure...

— Merci de la confidence, Vincent, répliqua le sacristain en serrant vivement la main de son interlocuteur. Diable ! du moment qu'ils se réconcilient... »

Puis, se rapprochant des paysans qui causaient à quelque distance, tout préoccupés par la conférence des deux Nestors du village :

— Mes amis, reprit-il, Vincent a raison ; nous nous sommes trompés sur le compte de ce bon M. Bordet. La protection du ciel, continua-t-il d'un ton sentencieux, en répétant une phrase pillée dans quelque sermon de son curé, la protection du ciel s'est manifestée pour lui cette nuit d'une manière évidente. Dieu l'a seul épargné quand il nous punissait tous ; c'est là une preuve que... que... Enfin, vous devez aimer et respecter

M. Bordet comme un homme de bien et un élu du Seigneur. »

Puis il se pencha à l'oreille de Vincent :

— Je vais prévenir M. le curé, « murmura-t-il en s'éloignant. Mais vous êtes bien sûr au moins qu'ils se réconcilient...?

Le digne sacristain se dirigea bien vite vers la maison curiale, afin d'être le premier à porter à son pasteur la grande nouvelle qui devait avant la fin du jour mettre le village en émoi.

Quant aux autres Landais, qui n'étaient pas d'aussi profonds diplomates, les assertions du rusé Vincent et les sermons du sacristain avaient fait une grande impression sur leur esprit superstitieux et crédule. Ils commençaient à éprouver une admiration sincère pour l'homme dont, la veille, ils avaient comploté la ruine. Vincent, dans le but de tirer parti plus tard de cette réaction, en se donnant le mérite de l'avoir provoquée, continuait sa chaleureuse propagande, lorsqu'un homme pâle, défiguré, dont les habits étaient couverts de boue, parut sur la place et s'avança rapidement vers le groupe au milieu duquel il pérorait : c'était Daniel Melloc.

— Mes amis, mes bons amis, s'écria-t-il, quelqu'un de vous peut-il me donner des nouvelles de M. Bordet, le propriétaire des Sabres? Quelqu'un l'a-t-il vu depuis hier au soir? Oh! parlez, parlez! je vous en supplie! Vous nous tireriez d'une mortelle inquiétude, moi, mon père et la pauvre demoiselle Justine Bordet!

— Mais il n'a donc pas couché cette nuit à la Grande-Ferme? demanda Vincent avec inquiétude, comme s'il craignait de s'être trop pressé en annonçant la réconciliation des deux ennemis.

— Il y est resté seulement quelques instants; à la suite d'une discussion avec mon père, il nous a quittés. J'ai passé la nuit dans les sables et les pignadas du voisinage à l'appeler; je viens encore de la Grande-Ferme : il n'a pas reparu. Mon père, qui s'accuse d'avoir été injuste envers notre voisin, et qui craint d'être la cause de quelque malheur, est dans une horrible inquiétude; mademoiselle Bordet est mourante de douleur et de fatigue. Mes amis, hâtez-vous de me dire si vous savez des nouvelles de celui que nous cherchons!

— Il sera peut-être retourné aux Sabres, hasarda Vincent avec hésitation; car il savait très-bien que cette supposition était inadmissible.

— Je suis allé aux Sabres, reprit le jeune Melloc avec angoisse; j'ai trouvé ses fermiers achevant d'éteindre le feu, et l'on était dans l'étonnement de n'avoir pas vu le maître depuis son retour de la Bouheire. Mes amis, mes amis, ajouta Daniel en se frappant le front, je soupçonne l'épouvantable vérité : il sera tombé dans quelque mouvant pendant qu'il parcourait la lande au milieu de l'obscurité, et il aura péri. »

Les villageois firent un signe silencieux pour exprimer que c'était aussi leur pensée. On sait que les *blouses* ou *mouvants* sont des amas d'eau et de sable qui se forment au pied des dunes à la suite d'un orage. Le piége est couvert d'une légère couche de sable que le vent sèche rapidement : quand le voyageur pose le pied sur ce sol perfide, il s'y engloutit et meurt misérablement. Les craintes de Daniel étaient donc parfaitement fondées dans un moment où, par suite du dernier ouragan, tout le voisinage était rempli de ces dangereux abîmes.

— Eh bien, mes amis, reprit Daniel, puisque vous êtes de mon avis, il faut m'aider à fouiller la campagne d'ici aux Sabres. Le pauvre M. Bordet se rendait chez lui quand il nous a quittés, et peut-être il se sera englouti dans les blouses qui se trouvent à moitié chemin du côté de Mezos. Prenez vos échasses; que d'autres se munissent de cordes, de tout ce qui pourra être utile pour le secourir. Mais partons! partons! au nom du ciel! Nous arriverons peut-être encore à temps pour le sauver. »

Il se précipita le premier vers le lieu qu'il avait désigné comme le théâtre probable de la catastrophe. Vincent le suivait avec une ardeur d'autant plus vive, que sa conduite envers le vieux Bordet avait été jusqu'à ce jour passablement équivoque. Bientôt ils furent rejoints par quelques Landais munis de leurs échasses et chargés de divers outils, comme Melloc l'avait recommandé, et les recherches commencèrent.

On était arrivé au milieu des dunes dans une région plus affreuse encore que toutes celles que nous avons cherché à dépeindre. La masse des sables fraîchement bouleversée par le vent avait pris les formes les plus bizarres : d'un côté, c'étaient des pyramides régulières de cent pieds de haut ; de l'autre, des pyramides tronquées de manière à former de vastes cercles; plus loin, des pyramides coupées de haut en bas comme des triangles. En certains endroits le sol se contournait en vastes spirales. Quelques plantes chétives bouleversées par la tempête montraient parfois leurs extrémités au-dessus de cette surface désolée; c'étaient des herbes océaniennes, des crythmes, des choux de mer, des immortelles, des arénaires, chétives productions de quelques jours de calme; sur d'autres points, le sable transporté en une seule nuit formait des amas où un homme à cheval se fût englouti. Cette nature effrayante s'étendait à plusieurs lieues du côté de la mer, et contrastait avec la verdure fraîche de la propriété des Sabres, que les voyageurs laissaient derrière eux.

On s'avança avec précaution à travers ce chaos; les bergers montés sur leurs canques allaient en avant, sondant le terrain avec ces longues perches qui leur servaient d'appui. Daniel avait embrassé avidement d'un coup d'œil la vaste étendue qui se déroulait devant lui; aucun être animé, excepté quelques oiseaux pêcheurs planant dans les nuages, ne se montrait dans ces solitudes. Cependant celui que l'on cherchait avec tant d'ardeur pouvait être caché dans les ondulations de ce terrain capricieux. Daniel ordonna à ses gens de se réunir et de pousser tous ensemble un grand cri qui peut-être serait entendu par le voyageur en détresse.

Les Landais se rapprochèrent pour obéir à cet ordre. La plupart étaient déjà épuisés par cette marche pénible. Tout à coup, au milieu du silence funèbre, ils poussèrent un cri aigu, perçant, qui semblait devoir retentir jusqu'aux limites de l'horizon. Mais les accents humains s'amortissent, se perdent dans le vague de ces déserts; cet appel, poussé par plus de vingt personnes robustes, fut à peine entendu à quelques centaines de pas de distance; puis tout retomba dans le calme absolu et terrible qui régnait auparavant. Les paysans redoublèrent leurs cris, s'interrompant par intervalles pour écouter; rien ne répondait à leurs voix, qui prenaient quelque chose de rauque et de lugubre en s'absorbant dans cette atmosphère sans écho.

— Cherchons, cherchons encore, dit Daniel avec énergie; mes amis, nous nous sommes peut-être trop avancés dans les sables. Il est impossible que le pauvre M. Bordet soit allé si loin, même en supposant qu'il ait été aveuglé par la tempête. »

En ce moment, Vincent, qui était monté sur un monticule voisin, fit signe qu'il apercevait quelque chose d'extraordinaire du côté des Sabres, sur la limite du désert et du terrain cultivé. C'était précisément là que l'on aurait dû fouiller d'abord, si celui qui commandait la troupe eût été moins troublé par son désespoir. Daniel pressa donc les flancs d'un cheval qu'un voisin obligeant venait de lui prêter, car il pouvait à peine se soutenir, et il arriva en quelques minutes au sommet de la dune.

— Que voyez-vous? » demanda-t-il avec empressement.

Vincent lui désigna un homme vêtu comme les bergers landais, qui semblait marcher lentement et d'un air préoccupé au milieu des sables, dans le fond de la vallée, à peu de distance d'une pignada appartenant à Bordet.

— Voici Luc-Martin, dit-il d'un air préoccupé.

— Eh bien, qu'y a-t-il de commun entre Luc-Martin et celui que nous cherchons ? reprit avec humeur Daniel dont le cœur, un moment auparavant, battait d'espérance. Mais vous avez raison, ajouta-t-il presque aussitôt : Luc-Martin pourra nous donner des renseignements importants; je vais lui parler. »

Vincent le retint.

— Attendez un moment, monsieur Daniel, dit-il en baissant la voix; je ne comprends pas trop ce que fait là ce drôle, il est bon de l'observer un peu sans qu'il s'en doute. D'ailleurs il n'est pas prudent de courir au hasard dans ce vallon, un des endroits les plus dangereux du voisinage. Et tenez, continua-t-il en désignant Luc-Martin, avez-vous vu comme il vient de s'engloutir dans le sable jusqu'à mi-jambe, quoiqu'il ait des échasses de six pieds de haut; maintenant il s'avance lentement à la manière des gens du pays qui tombent par hasard dans les fondrières! En vérité, je n'y comprends rien ; au lieu de chercher à sortir du précipice, il semble s'y enfoncer à plaisir... Tenez, le voilà maintenant dans l'aouse jusqu'à la ceinture; cet homme-là est fou, sur ma parole, ou il veut échapper en se tuant lui-même aux recherches de la justice pour son crime d'hier au soir.

— Il faut courir, l'aider à sortir de là! s'écria Daniel.

— Non, non, reprit Vincent en regardant toujours au-dessous de lui. Luc-Martin se rapproche des bords du mouvant; il a jugé sans doute que cette mort-là n'était pas aussi douce qu'il l'avait cru. Bon Dieu du ciel! que traîne-t-il après lui? Voyez, monsieur Daniel, quel est cet objet si lourd qu'il a retiré du sable, et qu'il paraît avoir tant de peine à porter.

— C'est le corps d'un homme, fit Daniel avec terreur.

— C'est celui de M. Bordet, ajouta Vincent.

Les autres Landais étaient arrivés au sommet de la dune et examinaient également cette scène lugubre.

— Au secours ! mes amis, au secours ! s'écria Daniel en courant de toute sa vitesse ; peut-être sera-t-il temps encore de sauver le père de Justine !

Tout le monde le suivit, mais le chemin était périlleux ; à chaque instant il fallait faire des détours pour éviter des flaques d'eau et des fondrières. Enfin on arriva à l'endroit où était le sauvage Luc-Martin. En voyant accourir vers lui cette foule menaçante il ne s'était pas dérangé de son occupation. Il avait continué de traîner son fardeau, marchant lentement pour donner au sable le temps de se tasser sous ses pas, et il était parvenu enfin à se tirer de la blouse avec sa proie. Ayant atteint un terrain plus solide, il ouvrit les vêtements du cadavre, et sembla chercher sur lui quelque objet précieux qu'il s'attendait à y trouver. En ce moment Daniel, Vincent et leurs compagnons arrivèrent. Daniel se précipita sur le corps et écarta le sable qui couvrait son visage : c'était en effet le pauvre Bordet.

— Arrêtez cet homme ! s'écria Melloc avec une explosion terrible de douleur et de colère ; c'est un assassin.

On se précipita sur Luc-Martin ; il ne fit aucune résistance. Daniel porta vivement la main à la poitrine de Bordet pour y chercher un reste de chaleur ; hélas ! il était trop tard, le malheureux vieillard devait être mort depuis plusieurs heures.

— Misérable ! s'écria Daniel en s'élançant à la gorge du pâtre.

— Mais celui-ci, qui avait été renversé dès l'abord par les autres Landais et qui était occupé à détacher ses échasses, avec lesquelles il lui était impossible de se relever, répondit avec un calme imperturbable :

— Je ne suis pas un assassin, M. Melloc ; regardez mon fusil, il n'a pas été déchargé, regardez le corps du monsieur, vous n'y trouveriez pas une blessure. C'est le sable qui l'a étouffé, à moins que ce ne soit satan lui-même qui l'ait jeté dans l'aouse, parce que leur pacte était expiré.

Daniel et les assistants ne purent en effet découvrir sur le cadavre aucune trace de violence. Le berger disait vrai ; si Bordet n'avait eu d'autre meurtrier que les tourbillons qui l'avaient égaré dans sa marche, et l'abîme à demi liquide qui l'avait englouti.

Mais alors, reprit le militaire en s'adressant à Luc-Martin, que faisais-tu là tout à l'heure ? Qui t'avait dit que ce malheureux avait disparu justement dans cet endroit? Pourquoi...

— Ecoutez, monsieur Daniel, dit le berger d'un ton sombre, on me repousse de partout, on me refuse un troupeau à garder, je manque souvent de pain et je couche la nuit dans la lande. Ce matin, comme je rôdais autour du village, n'osant y entrer parce qu'il n'y faisait pas bon pour moi, j'aperçus ce chapeau que vous voyez là déformé par la pluie et souillé de boue. Je le ramassai et je le reconnus bien vite pour l'avoir vu hier sur la tête de M. Bordet... du sorcier. « Allons, me dis-je, le vieux richard se sera attardé dans les sables et aura péri. » En regardant autour de moi, je vis au-dessus de cette aouse un mouchoir à demi enseveli dans le sable, j'ai compris que le corps devait être là. Alors une pensée m'est venue. « Le vieux Bordet, me suis-je dit, est un sorcier qui, au moyen de quelque maléfice, a eu toutes sortes de prospérité. Si je puis m'emparer du charme qu'il portait sur lui, je deviendrai riche comme lui, j'aurai de belle ferme et de beaux troupeaux ! Je suis donc allé chercher le corps dans le mouvant ; mais sans doute le diable, qui avait donné au sorcier quelques herbes ou quelques amulettes pour porter bonheur, lu lui aura reprise aussitôt après sa mort ; je n'ai rien trouvé.

Le jeune militaire haussa les épaules à cette explication naïve de Luc-Martin.

— Laissez aller ce malheureux, dit-il à ses compagnons ; il est encore plus ignorant que coupable.

Il donna l'ordre d'envelopper, le corps dans le manteau blanc d'un berger, et deux des plus robustes villageois le chargèrent sur leurs épaules. On se remit en marche ; Daniel semblait écrasé sous sa douleur. Vincent marchait à côté de lui et faisait un éloge pompeux du défunt afin de plaire au futur propriétaire des plus beaux domaines du pays.

— Que voulez-vous, monsieur Daniel, disait-il, le bon M. Bordet avait passé sa vie à lutter contre le sable ; il l'avait vaincu par sa science, il l'avait fécondé, il l'avait forcé à produire des récoltes ; le sable a pris sa revanche.

Daniel allait répondre à cet idée bizarre, toute dans le caractère des Landais, lorsqu'un cri aigu, parti à quelque distance, lui fit vivement lever la tête : la carriole dans laquelle il avait conduit la vieille Bordet et sa fille à la Grande-Ferme était là devant lui, mais cette fois Justine était acompagnée du vieux Melloc qui dirigeait lui-même le cheval. C'était Justine qui venait de pousser ce cri d'effroi en apercevant le fardeau des deux bergers.

— Daniel, Daniel ! s'écria-t-elle, où est mon père ?

Daniel ne répondit pas ; elle comprit et tomba évanouie au fond de la voiture.

Le vieux Melloc descendit précipitamment et s'avança vers son fils les bras ouverts.

— Monsieur, dit le militaire d'un air solennel en désignant le corps, voilà votre ouvrage !

— Oh ! non, non, Daniel ! ne m'accable

pas! s'écria le vieillard. Cette nuit terrible m'a bien changé! J'ai tant souffert pour toi, pour cette malheureuse jeune fille pour *lui* enfin, que ma haine s'est brisée dans mon cœur! Pardonne-moi, Daniel, oh! pardonne-moi!

Puis désignant Justine :

— Elle sera ta femme, ajouta-t-il, et moi je lui servirai de père!

Le curé de D. fit quelques difficultés pour donner la sépulture au vieux Bordet, mort sans confession et en mauvaise odeur de sortilége; il était dit que cette terre misérable regretterait même un tombeau au novateur.

FIN.

LE TRANSPORTÉ

PAR MÉRY.

2 vol. in-8. — Prix : 15 francs.

PASSARD, LIBRAIRE-ÉDITEUR,
9, RUE DES GRANDS-AUGUSTINS, A PARIS.

LOUIS XIV ET SON SIÈCLE
Histoire pittoresque, curieuse et amusante,
PAR ALEXANDRE DUMAS.
9 vol. in-8. — Prix : 45 fr.

Cette histoire n'a aucun rapport avec le *Siècle de Louis XIV*, par Voltaire ; car ce n'est pas ici l'histoire politique et militaire du XVIIe siècle. C'est une espèce d'épopée où revivront tous les personnages marquants de cette grande époque, hommes et femmes, avec leurs passions diverses et leurs mille intrigues ; c'est le tableau de leur vie intime dans ses détails *anecdotiques, pittoresques et amusants*, tableau résumé de temps en temps par de larges coups d'œil jetés sur l'ensemble, qui offrira tout à la fois l'instruction de l'histoire et l'intérêt du roman, et où dominera la belle figure de Louis XIV au milieu de ses courtisans et de ses maîtresses, avec les guerriers et les savants qui forment son plus beau cortége.

D'ailleurs, quel plus beau cortége la plus exigeante divinité pourrait-elle demander que celui qui accompagne Louis XIV ? où chercher des ministres égaux à Richelieu, à Mazarin, à Colbert et à Louvois ; des généraux dont la gloire fasse pâlir celle des Condé, des Turenne, des Luxembourg ; des Catinat, des Berwick et des Villars ; des marins qui luttent à la fois contre l'Angleterre et contre l'Océan, comme l'ont fait les Duguay-Trouin, les Jean-Bart et les Tourville ; des poëtes qui parlent la langue des Molière, des Corneille et des Racine ; des moralistes comme Pascal et La Fontaine ; des historiens comme Bossuet ; des maîtresses, enfin, comme La Vallière et Fontanges, comme madame de Montespan et madame de Maintenon ?

OUVRAGE ENTIÈREMENT INÉDIT.

LE PRINCE
FRANCISQUE

ROMAN HISTORIQUE HONGROIS,

PAR

FABRE D'OLIVET,

7 magnifiques volumes in-8° (*complet*). Prix : 35 fr.

M. Fabre d'Olivet a dépeint avec un rare talent dans ce roman les lâches et infâmes machinations employées par l'odieuse Cour de Vienne ou XVIII⁰ siècle, pour réduire sous le joug autrichien la malheureuse Hongrie.

Emprisonnement, tentative d'assassinat, confiscation de biens, condamnation à mort, entraves dans ses projets de mariage, tout a été mis en œuvre pour l'anéantissement de la race et la ruine de la maison de cet illustre prince Francisque Rakotzi, le dernier champion de la liberté hongroise.

La lutte dans laquelle la Hongrie est aujourd'hui engagée et quelle soutient avec un si brillant courage, donne à ce roman un intérêt d'actualité qui contribue à en rendre la lecture plus attrayante encore.

CORBEIL, imprimerie de CRÉTÉ.